す。専業主婦のDさんは名刺はありませんが、「部長の妻」という肩書がある。CさんとDさんの女性から見た「格付け」は、実はCさんよりDさんのほうが上だったりする……ああ、ややこしい！

こんな風に女同士の格付け、カーストは一筋縄ではいかない難しいものなのです。

また男性は多くの場合、自分の実力次第の人生になります。つまり自分張るしか階級上昇のチャンスはないのです。

しかし女性は「人の人生に乗っかり、格上げする」「リボーン」という残されています。

結婚による「生まれ変わり」です。実は、もうそんな「リボーン」はフタジーでしかないのですが、まだまだ夢見る女性は多いのです。『女子会2（「ジレンマ＋」編集部／NHK出版）でも、社会学者で詩人の水無田気流《みなしたきりう》が「玉《たま》の輿《こし》は実はない」と言及していますし、私も『セレブ妻になれる人れない人』（プレジデント社）で、お金持ちの妻は、実は夫より上の階層というケースを何例も取材しています。しかし、世間では女性は「玉の輿を目指し」「玉の輿に乗れる」とまだ信じているところがありますね。

「ママカースト」を描いた本として話題になった『ハピネス』（桐野夏生／光文社）の主人公は、結婚して江東区のタワーマンションの住民となったことで生まれ変わります。出身は新潟で、離婚後東京に出てきて、アルバイトをしていた時に「できちゃった婚」をしたのです。なんとか東京に残ってやり直したい。そう思った計算が見事にあたったわけです。彼女の出自を誰も知らない場所に来て、彼女は「リボーン」する。しかし、そこにはまたそこの「カースト」があり、その中で様々な苦労をするのですが……。

　隣の芝生は誰にとっても青い。ちょっとの運命の差で、私もあの青い芝生に行けたのに……と思ってしまう。

　そんな「移動可能な」場所に青い芝生があるからこそ、女同士は「人は人」「自分は自分」という風に割り切れないのです。男性だったら、アルバイト暮らしが突然タワーマンションに住むのは、一攫《いっかく》千金を引きあてたデイトレーダーぐらいでしょうか？　女性の人生のほうが、コツコツ階段を上がらなくても、突然エレベーターに乗る……という可能性がまだあるのです。

これが、本当の階層格差がある国ではどうでしょうか？

この格付けは決して悪いだけのものではありません。例えば、アジアでは生きるための知恵です。

私はインドネシアの首都ジャカルタに、四年間住んだことがありますが、華《か》僑《きょう》、中国系インドネシア人、韓国人など、たくさんのアジア系の友人ができました。

アジアの世界、特に中国系の世界では「お給料をいくらもらっているか？」という話、つまり「もうかりまっか？」系の問いが、親しくなくても普通に出るのです。いったいなぜなんだろう、と不思議でした。

社会になじむにつれ、思いました。

これは「どちらが上か」を瞬時に判断し、人間関係を円滑にしていくための

「知恵」なのだと。

例えば、誰がその場の「上位」か分からないと困ることがたくさんあります。まず「ワリカン」という概念がないので、一番上の立場にいる人がおごるのです。誰が上か分からないと、誰がお金を出すべきか分かりません。

同級生同士、親しい友人間でも、羽振りがいい人がいれば、それに従う人もいます。日本人女性でインドネシア人の夫を持つ友人はいつも怒っていました。

「同級生なのに、うちの夫ったら、すぐにCさん（仕事で成功している）のカバン持ちみたいな態度になっちゃうのよ」

韓国の人は初対面ですぐに年齢を聞きますよね？　あれは年上には敬語を使わなくてはいけないからです。そして年上がおごります。

「羽振りがいいからといって、いつもおごってばかりで大変ではないか？」

そんな疑問を中国人女性の友人に聞いたことがあります。彼女は日本人男性の奥さんで、日本語がぺらぺら。

「そんなことないよ。その人がボスと決まったら、みんなちゃんとその人を立てるし、言うことも聞く。それでうまく回っているの」

彼女は子供の通うインターナショナルスクールでは、日本人の奥さんのグループに入れられているのが面倒だと言います。

「日本人のお母さんのグループは、誰も譲りあってリーダーシップをとりたがらないから、すごく面倒くさいし、何を話しあっても決定する人がいないので、時間がかかる。中国人グループなら、一番羽振りのいい人の奥さんがボスだってすぐに決まる。そしてボスの言うことを聞くけれど、彼女も自分の言ったことの責任をとるのよ」

つまり階層格差があり、多様性の中で暮らす人達は、様々な価値観を折りあわせるための知恵として、敏感に「この場で誰が上位か？」と察するレーダーのようなものを持っていて、それをうまく利用しているのです。

「格付け」が「生きていくための知恵」「ツール」でもあるのが、多様性のある世界なのではないでしょうか？

その点、日本人は、どうみても多様性に慣れていない。ツールをうまく使えないどころか、「格付け」というツールに苦しみ、振り回されているような気がします。

「女子カースト」とは何か

「『なぜ、あのグループは教室を牛耳《ぎゅうじ》っていて、このグループには〝はしゃぐ権利〟すら与えられていないのか——』。スクールカーストとは、主に中学・高校のクラス内で発生するヒエラルキーのことで、小学校からその萌芽はみられる」（『教室《スクール》内カースト』鈴木翔・解説 本田由紀／光文社新書）

カーストという言葉が注目されたのはこの本のおかげでしょう。いじめの温床ともなる、学校内の「カースト」を問題視し、研究、検証した本で、多くの人に「あの息苦しさの正体はこれだったのか」と衝撃を与えました。

その後、派生するように「ママカースト」「モテカースト」「恋愛カースト」など、様々な言葉が生まれました。

特に『ハピネス』が発表されてからは、「ママカースト」に関する様々な記事が躍りました。

「『お宅は何階の部屋？』　ママカースト制の終わらぬ地獄」
「会った瞬間、ママバッグやベビーカーにさっと目を光らせる。私より上？下？　まずは立ち位置を見極めることが大切。身の丈でない階層に紛れ込むと、強烈な劣等感に見舞われるから」
（「週刊朝日」／二〇〇八年二月十一日号）

「八千円のランチに誘って、応じられないママを陰で笑う感じ悪いセレブママ達」というような文言がネットで何回も報じられます。

それを読んで、「いやーな感じ」と思う人も多かったはずです。
「また、女同士の対立をあおる記事か」「そんなテレビみたいなこと、あるわけないでしょ？」と思う人も多いでしょう。

私も取材を始めるまでは、いささか大げさではと思っていました。しかし取材すればするほど、驚くような話はいくらでもでてくるのです。八千円のランチぐらいの話は珍しくありませんでした。

それを笑って話してくれる人もいれば、本当に辛くて辛くて、とストレスいっぱいの人もいます。たかが流行語とバカにできるものではありません。

「カースト」とは、もちろんインドのカーストから発生した言葉ですが、インドのカーストは宗教である「ヒンドゥー教にまつわる身分制度」です。日本ではヒンドゥー教徒は少ないはずですから、日本における「カースト」という言葉は全く違うことを指しています。

一つの集団において、そこに属するメンバーそれぞれが、その集団にしか通じない基準でお互いを暗黙のうちに格付けしあい、その序列の認識と共有が行われる。これを日本型カーストとしてこの本では定義しようと思います。

その集団における強者・弱者が「その場の空気」でメンバー全員に共有され、その結果、各人の行動まで限定されます。

女同士の間に生じるカーストを、この本では総称して「女子カースト」と呼んでいます。

そして、女子カーストがどのような場に生まれ、どうやったら、その被害を受けずに済むかということも、検証します。

「女子カースト」のものさし

1──恋愛カースト／彼氏がいる、いない。またどんな彼氏か

女子会では恋愛経験が一つのものさしとなります。彼氏がいる、いない、またどんな彼氏かで順位が決まってしまいます。

女性は常に男性からの視線にさらされ、女性として誰の評価が高いかという選別を意識しています。

女子校にスクールカーストがないのは、まだまだ「男性の目」にさらされていないから。女子校出身者同士も、卒業して「世間」に出てからはこの恋愛カー

ストとは無縁ではいられません。大学生になってから、同級生で集まると「彼氏の話ができる人か、できない人か」で微妙なカーストが生まれます。「世間」とは男性目線による評価と、男性に高く評価されることに価値をおく女性たちからの評価のことです。

2―外見カースト／どれだけ自分に手をかけているか

美は女性にとって逃れられないテーマ。

もともとの美しさだけでなく、どれだけ「自分に手をかけているか」というほうが重要な要素です。天然で美しく、でもお化粧っけのない女性、ファッションがおしゃれではない女性は、このカーストでは「ノーコンテスト」というか、競いあう対象外となります。

「男性目線」は関係なく、「女性目線」から見た「キレイ」「可愛い」「オシャレ」などの要素で序列が決まってしまいます。ナチュラルストッキングのほうが男性の受けはいいと分かっていても、ダサイからタイツを選ぶ。そんな女性はこのカーストの上位でも恋愛カーストでは下位になります。

これは「美魔女」が男性にはあまり受けず、女性からは絶大な支持があるという例を見ても分かります。

3―社会的ステータス／自分だけでなく夫や子供

女性の職場進出に伴い、女性上司と部下など、社会的な女性のステータスでも格差が生まれています。

しかし、社会的なステータスが上であれば、格付けも上位とは言えないところが、女子カーストの面倒なところです。

既婚者の場合、ママや専業主婦内カーストでは、夫や子供のステータスのほうがモノを言う。子供のステータスとは……それは子供が有名幼稚園や偏差値の高い学校に入学した場合です。

自分のことではないのに、夫の年収や地位、企業名などで女性自身のランクも決まってしまう理不尽さがあります。

カーストは、自分が所属している職場だったり、高校の同級生、大学の同級生、ママ友など、各コミュニティに存在し、その人の地位も「場」ごとに変わります。年齢が上がればまた変わるし、結婚すれば変わるし、引っ越せば変わる。

一定の基準がない、大変複雑怪奇な人間関係なのです。

「ママ」、「恋愛・婚活」、「女子大生」、「オフィス」に分けて、今後の章でくわしく見ていきます。

女同士のマウンティング

『嫌われ女子50』（犬山紙子／KKベストセラーズ）の中のエッセイストの犬山紙子さんとマンガ家の瀧波ユカリさんとの対談の中で、会話の中で自分の立場を示す行為を動物行動学になぞらえ、「マウンティング」といっています。

自分のほうが格上であることを相手に印象付ける「マウンティング」は、女性のコミュニティにおいても日常的に行われます。

二十代、三十代女子にとって、「女子会は自己承認欲求を満たす場」だといいます。「彼氏がいる、いないでどちらが上か格付けされるので、彼氏がいる時は自己承認欲求が満たされる気がする」そうなのです。

オスの孔雀がメスに美しい羽を広げて自分の性的な魅力をアピールするように、女同士は会話中、持ちものなどで、まず「所属コミュニティ」をはっきりさせ、犬同士が匂いを嗅ぎあうように「仲間かどうか」を確認します。それから、さりげなくマウンティングすることで相手よりも自分のほうが立場が上、さらに言えば「幸せ」であることを示します。

会話だけでなく、最近はFacebook（FB）などに、家族の幸せ写真、旅行写真、買ったものやレストランでの食事の一皿一皿までアップするので、「友達のSNSを見ると落ちこむ」と言う人も多い。SNSでも意図せぬマウンティングが行われています。

じゃあ、見なきゃいいじゃん。

はい。それももっともな意見なのですが、カーストのある集団は、絶えずマウンティングしあい、その手のことが好きな女性にとっての戦場なのです。常に情報を得ておくことは、外交戦略における情報戦のように大事なことでもあるんです。どちらかといえば、カースト上位の人には無邪気な「お友達に報告」というFBでも、それを見てため息をついたり、はたまた「いつかは逆転してやる」と負けず嫌いの魂に火がつく人もいるのでしょう。

昔は結婚適齢期の「結婚しました」ハガキ、それから毎年送られてくる「家族写真」の年賀状が、無邪気に独身の人達の年明けを傷つけていましたが、今やそれがSNSによって年中なわけです。やれやれ、というところでしょう。

「女子カースト」が生まれる四つの原因

スクールカーストを防ぐ一番いい方法は「教室をなくすこと」だと、教育関係者の間では言われています。つまり、大学のように、中高も自由に授業を選択し、教室を行き来する、流動的な形にするのです。「場」をなくすのです。

「場」がなければカーストは形成されません。

つまり「女子カースト」が生まれるような場をうまく避けて通れば、カーストに苦しめられることもないのです。

それでは、どんな場所に女子カーストが生まれるのか？

1、ヒマがある集団

2、狭くてぬるい均質な集団

3、逃れられない集団（会社、ママ友など）

そして、その格付けが「人をうつにする」ほど、プレッシャーのあるものになるケースには、四番目の要素があります。

4、「悪の種」が集団に紛れ込んだ場合

1――ヒマがある集団

新卒でバブル時代の住友商事に入社した時、

「お局《つぼね》様にいじめられたりするのではないか。お昼とか、誰も一緒に食べてくれなかったらどうしよう」

入社式を前にそんな心配にとらわれました。

しかし実際働いてみると、バブル時代の輸出業務は忙しすぎて、みんな、周りを気にしているヒマなどなかった。いじめたり、いじめられたりしているヒマがあったら、さっさと仕事を終わらせて帰ろう、という風潮。ランチも同じ部署の人と行くルールで、週に一度だけ、同期でランチする日が決まっている……という具合にシステマティックなので、人間関係で迷う必要がなかった。

軍隊のように勉強が厳しい女子高出身の女子大生に、スクールカーストの有無を聞いたところ「毎日課題が出て忙しく、皆自分の勉強に必死で、カーストを作っていじめをするヒマなんてなかった」と言っていました。

各自がヒマがない集団では、カーストが生まれる余裕などないのかもしれません。女子カーストはヒマが生むのです。

2—狭くてぬるい均質な集団

個人の実力が評価に直結しない、成果主義ではない集団、ある意味ぬるい集団でも、カーストは生まれやすいと言えます。

二つの会社に勤めた経験のある女性に話を聞くと、「成果主義の会社にいた時は、売上が第一。評価の基準がはっきりしているので、男女にかかわらず、社内での順位が数字で見えていた。クリアな評価基準なので、男女はもちろん、女性同士の間もさっぱりしていた」そうです。

しかし、転職した現在の会社は評価の基準があいまいで、

「なぜ、この人が私に偉そうな態度をとるのだろう？　なぜ部下でもないのに、この人の言うことを聞かないといけないのか？」

となぞが多いと言います。

管理職でもなく、正式なレポートラインでもない、いわゆるお局様が、部署の女性達の間で「派閥」の長になっている。仕事と関係ないところで、「あなたはどっちの味方？」「誰の派閥？」と問われる、疲れる人間関係が多いとか。

組織の中のエアポケットに入って守られているような人は、仕事の成果では評価されず、忙しいわけでもない。そのぬるま湯に浸かり続けるために、自分の地位を保持したい。そこで、自分を守るために独自の評価軸を作り、周囲に押し付けようとする。その人にとって、カーストを作ることは一種の「処世術」なのです。

成果を出さない人でも、長くいればなんとなく偉い感じになるのは、ぬるい集団だからです。成果を出さないと、居場所がなくなる外資金融等に比べ、旧来型の日本企業のほうがカーストが生まれやすいと言えます。

成果や実力が問われず、差が明確ではない。となると、多様性がない均質な集団ほど、小さな差異を大きくあげつらい、格付けに利用しようとする人がいます。

3―逃れられない集団(会社、ママ友など)

本書に登場する例としては「オフィスカースト」や「ママカースト」などが

「逃れられない集団」です。

例えばママカーストでは、「子供を人質にとられている状態」「子供が仲間はずれになると可哀そうだから、我慢してママカーストにいる」という人が多いのです。

ドラマ『半沢直樹』に出てきた銀行員妻の社宅のお茶会。銀行の社宅に住んでいた人によると、実際にもあるそうです。

「今度の土曜日にいらして」

そんなメールが来ると、ため息が出たというＳさん。以前住んでいた社宅は、上の階に行くほど地位が上の人が住んでいるというほどの徹底ぶり。

上司の家でパーティーがあるとどうしても行かざるを得ない。しぶしぶ行くが、上司の奥様が社内の人間を値踏みして悪口を言うのが我慢ならなかったそうです。

「奥さんはバイト上がりで、自分では何も判断できない。夫の会社での地位を笠に着て、みんなの前で力を誇示していた。子供もいなくてヒマ。社宅でも、ゴミ捨てやコンビニに行くくらいでいつも綺麗にして、人目を気にしていた」彼女のマウンティングは、社宅という狭い世界で、自分の地位を守るための必死の防御行為だったのかもしれません。

4―「悪の種」が集団に紛れ込んだ場合

女性は本来、それほど争いごとが好きではありません。カーストを作ることで全員が得したり、全員が居心地がいい、ということはまずありません。にもかかわらず、カーストが生まれるのは、負けず嫌いで競争が好き、という人が、発起人になる場合があります。格付けを作ることで自分が満たされる人がいて、初めて生まれる。私はこれを「悪の種理論」と呼んでいます。その人なりのルールや物の見方、格付けの仕方を周囲に押し付けるのです。

どんなに小さな集団でも、集団であれば、そこには社会があります。その集団内のルールに場が支配され、よそから見たら「間違ってない？」ということでも、中の人は「それが正しい。逆にあわせられない自分が悪い」と思ってしまいます。それを「社会化」といいますが、ブラック企業などを見れば顕著です。集団には必ず規範ができるものですが、「朱に交われば赤くなる」というように、一人でも理不尽な規範を作りたがる人が集団内にいると、その人の作り出す規範に皆がのまれてしまう現象が起きてきます。

外資金融で経験した悪の種

私が米系金融の投資銀行部の秘書をしていた時のこと。まさにこの「悪の種」に遭遇しました。十人ほどの秘書が同じ部署で働いていたのですが、そのうちの一人が揉め事を作るのが大好きなタイプでした。休みの日のイベントに誰を呼ぶ、呼ばないなど、すぐに派閥を作りたがる。彼女を中心に、とても人間関係がギスギスしていました。しかし、彼女が辞めたとたん、憑き物が取れたように、和気あいあいとした関係に戻りました。

一人の「悪の種」がいると、とたんに追従する関係ができ、その人を中心としたカーストができてしまうのです。

では、実際に、女性達の間では、どのような「カースト」が存在するのか、次章でその実態に触れたいと思います。

第2章

「女子カースト」の実態

ママカースト

作家の桐野夏生さんが小説『ハピネス』で描いたような、ママ友内で互いを格付けしあい、グループ内での立場の強さが決まってしまう「ママカースト」。発生する原因は一体、なんなのでしょうか。

同じような年収・同じような家庭で集まる「ママ友」

世田谷の住宅街に住む専業主婦・Yさん。近所の巨大マンション内には格付けがあると言います。

「近所のマンションは、『D棟は貧乏棟』などと噂されている。日当たりや広さなどから、家賃が安いのが分かってしまうためなんです。子供が通う学校が一緒の人も多いので、なんとなく人づてに分かってしまうこともあります」

住んでいる場所から、世帯主である夫の年収が値踏みされ、暗黙のうちに序列化されてしまうのです。

子供が同じ幼稚園や同じ小学校に通うことで発生する、ママ同士のグループ「ママ友」。ママ友グループの構成員を決定する、大きな要素の一つは「夫のステータス」です。

近年、開発された湾岸のタワーマンションの周辺はもっと顕著な格付けがあります。江東区に住むAさんは、新学期はいつも緊張します。

「子供のクラス替えなどで、新しいメンバーが発生したりとか、最初の顔合わせの時などは、ランチの値段設定に気を使ってしまう。会費千円だと妥当だけど、千五百円だと高いかな、みたいな」

新学期はグループが決定するまで、探り探りの状態になるのです。

「子供会の五百円の会費を決める時も、高いのかな、安いのかなと探りあいます。例えばランチ会などは、暗黙の了解で千円以内にします。でも、『たまには美味しいものを食べに行こう』と、銀座周辺まで足をのばしたい時には、五〜六千円のランチになる。ディズニーランドだって、親一人、子供二人で一日がかりとなると、かなりの出費です。誘える人と誘えない人が出てきてしまう。結果、意識せずとも同じタワーマンション内のママ達同士で仲良くなってしまう」

豊洲の新しいタワーマンションに住む専業主婦・Mさんは、夫は商社に勤め、現在は小学生と幼稚園児の二児の母です。Mさんの上の子供が通う小学校は、そのほとんどの子が四棟あるタワーマンションのいずれかから通ってくるそうです。また、中学受験率は九九・九%。つまり、全員が私立中学を受験するのだそうです。

しかし、下の子が通う幼稚園は少し離れた場所にあり、タワーマンションに住む家庭の子と、昔からそこに住んでいる下町の家庭の子の両方が通ってくるので、自然と身なりや暮らしぶりから、両者の間に溝ができてしまうと言います。

お互いのステータスを探りあい、グループ化するためのものさしの一つが、ランチの値段なのです。ママ同士で〝ここが妥当〟と共有されている一定の値段を高いと取るか、安いと取るかで、互いの懐事情と付きあいの範囲が決まってしまいます。

Yさんの場合、ママ会をする時にはママの一人の自宅にお呼ばれして、持ち寄りでランチを食べることが多いようですが、そこでも〝格差〟は露呈します。

「豪邸で、何十人と呼べるような家に住んでいる方のお宅に遊びに行くと、やはり差が見えてしまう。おもてなし上手で、代々その土地に住んでいるようなリッチな家の奥さん。ママ友のお宅にお邪魔すると〝呼ばれたら呼び返さないといけない〟というプレッシャーがあるけれど、うちはマンションなので、たくさん人を呼べるほどの広さがなく、心苦しい」

「子供が人質」の交友関係

一度グループができてしまうと、なかなか抜け出せないママ友。特に、一度グループになった後、均質集団なだけに微妙な差異が気になる。マンションが同じ、暮らしぶりが似ているというだけで、気のあわない人もいます。

しかし、子供同士が仲がいいと、自分の好きではない相手とも付きあわなければいけなくなり、ママが感じるストレスは想像以上。

「あの幼稚園グループ抜けるの、本当に大変だったのよ。卒園して習い事をやめたり、少しずつ、少しずつ距離をとって、やっと離れることができた」

専業主婦のIさんは友人の告白を聞いてびっくり。その人は、ある有名幼稚園のとても仲良しのママ友グループの一員で、Iさんはいつも「習い事も、何をするのも一緒。仲が良さそうでいいな」と思っていたそうです。

しかしその実態は？

「人間関係が大変だった。リーダー格のママが、気に入らない人間をグループに入れるのを嫌がって、人間関係が割れたりとか……。でも子供が同じ幼稚園だから、離れることもできない。やっと卒園して距離がとれてほっとしたわ」

と友人はIさんに語ったそうです。

独身時代は、純粋に気があう人と付きあうことができたが、子供を産むと、子供が幼稚園や小学校で楽しく過ごせることが最優先になる。子供が大きくなり、一人でも遊びにいける小学校高学年ごろになるまでは、どうしてもママ同士の付きあいからは逃れられない。その時までは、嫌な相手でも我慢するしかない……。

そんな、ママグループの呪縛に悩まされる声を多く聞きます。

「本当はあのママは嫌いだけど、息子の小学校が一緒だから敵には回せない、とか、上の子が卒園しても下の子が幼稚園で同じ代になるから、とか、先を見越して人間関係を維持しないといけない。自分のこと以外のしがらみを優先せざるを得なくなる。子供が人質ですよ」（Yさん）

幼稚園生のママ達が最も敏感になる話題は「小学校受験」。

「私の娘の通う幼稚園は三分の二が小学校を受験するのですが、同じ塾に通わせていても、どこを受けるかという話は絶対にママ同士明かさない。子供自身も言わないというのが暗黙の了解だそうです。小学校に受かってからやっと言ったり。Eちゃんは受験するらしいよ、と噂で聞いたりして、お互いに探りあいですね」（Yさん）

ママ友のカーストを決めるのは、子供と夫。

勝敗が明確に決まってしまう子供の「受験」。お互いに言えない秘密を抱え、探りあいながらも付きあいを続けなければいけない。結果が分かるまでのママ同士が感じる緊張は大変なものです。

あるお受験用の掲示板の存在を友人に教えてもらってのぞいたら、そこはあまりにホラーな世界でした。

ある人が、我が子が難関小学校に受かったことが嬉しくて、つい「A小とB小、両方受かりました」と書き込んでしまったのです。ここは情報掲示板で、集う人達は先輩受験者達に情報をもらうために集まるところです。

「A小とB小、どちらにするべきか迷っています」

多分相談もしたかったのでしょう。しかしその途端、その小さな掲示板で炎上とも言うべき騒ぎが勃発。

「この時期に両方受かって迷っているということは、まだ片方に入学辞退をしていないということですよね？　Ａ小を受けて補欠で落ちた人のことも考えてください」

「非常識ではないでしょうか？　あなたのせいでＡ小に入れない人がいます」

さらに、

「合格発表の時、Ａ小前で大騒ぎしていたご家族ですよね。子供さんの顔、覚えていますよ」

うわー、鳥肌モノです。最後の書き込みなんて、まさに「子供が人質」です。逃れられない人間関係は本当に難しい。特に私立の小学校など、入学する人数が少ないので、特定されてリアルに恐ろしいです。

さらに、小学校に上がっても、ママ同士の関係は子供が高学年になるまで続きます。また、小学校から大学まで私立のエスカレーター校だと、小学校での人間関係がずっと途切れず大人になるまで続くので、その息苦しさは下手をすれば、子供が大学生になるまで続くことに。

「小学校で名門私立に行ったが、代々その学校という親ばかり。金銭感覚や文化が異なりすぎて大変です。受かったのはいいが、あとが辛すぎる」（Ｉさん）

「今は世田谷に住んでいるが、周りの持ち家の家庭の、山の手らしいお金持ちの人達とは、地方出身の私は感覚があわない。子供が小学校に上がったら離れられなくなるので、早く旦那に転勤してほしいと思っています」（Ｙさん）

夫から生まれるカースト

彼女達がそうまでして、付きあいたくない相手と付きあうのは、ひとえに、子供の交友関係を自分のせいで壊したくないというプレッシャーからです。子供がいじめにあったりしたらどうしよう……そんな心配から、単独行動を取ることをためらってしまう。

さらに、妻が夫の職場の人間関係と関わりのある場合は、そちらにも気を使わざるを得なくなります。

専業主婦Iさんは、夫の会社の同期同士、家族ぐるみで行われる休日のバーベキューの誘いが来ると胃がキューッと痛くなります。

「何そのヒールの高い靴、バーベキューなのに！」

会場についた途端、甲高い声が。夫の同期の奥さん、Fさんの声です。いや、今日はちゃんとスニーカーを履いている。ターゲットは私じゃない。足元を確認し、ほっとする。

とにかく他の奥さんにダメ出しをするのが、夫の同期の妻Fさんなのです。

小さな子供を連れたママが「断乳が遅くて……」と言うと、

「二歳なのに!?　まだおっぱいあげてるの？　まだ断乳していないの？」

と大騒ぎ。

人の勝手じゃない……と言いたい気持ちはあるのですが、

「でも、主人の同期の奥様だし、主人の会社での立場が悪くなったら……と思うと断れない。本当は行きたくないのに、声をかけられると行かざるを得ず……」

そんな苦しいバーベキュー大会は、そのFさん一家が海外転勤でいなくなるまで年に何回もずっと続いていました。

特に社宅などの場合、夫の会社の人間関係が、家族の生活にまで持ち込まれるので、始終気を抜けません。

「以前社宅に住んでいたのですが、会社の序列がはっきり分かるから辛い。玄関を開けると、旦那の上司の家がある、という状態（笑）。とても気を使いました。また、知りあいの社宅は関連会社の社員家族が住んでいるので、あっちの会社はボーナスが多い、とか、こっちのほうが残業が多い、などと、日々お互いの探りあいだそうです。

『あっちの会社のほうが給与が多いのに、悔しくないの？』と旦那にもつい言ってしまいました」（Iさん）

こうした「夫の人間関係から派生するママ同士の付きあい」は、コミュニティが小さければ小さいほど縛りの強いものになります。

ママ達の苦しさの根本にあるものは自分の武器で戦えないこと

「人ってきっと、物心ついた時からずっと、自分が社会の中のどの位置にいるのかを意識しながら生きている。けれど専業主婦はその位置を計るものさしがない。結果、夫や子供に頼らざるを得ないんです。働いていないと、結婚した人によって勝手に格付けされてしまう」(Mさん)

専業主婦のママ達の、「ママカースト」内の息苦しさの根本にあるものは一体なんなのでしょうか。

最大の理由は、彼女達が自分の武器で戦えないこと、評価されないこと。「夫や子供」という代理戦争になってしまうことです。

現在は専業主婦でも、結婚するまでに一度は働いたことのある女性が大半です。独身時代、自分の武器を持っていた。会社の仕事ができることや、スキル、人脈など、自分自身が持っている武器で戦うことができた。けれど、結婚して家庭に入ってしまえば、これまでの社会的評価軸とは外れたところに隔離されてしまう。家の中の仕事はどんなにやっても、夫や子供が毎日「ありがとう」「感謝している」と言ってくれるわけではない。

評価は、周りの人からの目線による、夫の給与や会社での地位、子供の頭の善し悪しなどになってしまうと彼女達は考えています。

ママカーストの順位が入れ替わるきっかけを聞くと「子供がお受験していい私立に行ったとか。旦那が海外転勤になったとか」「家を買った、とか」……自分の行動で変わるというよりも、夫や子供のランクが上がることで、自分達のランクも入れ替わる。そんな意識が根強いようです。

金銭的にも夫の給料に頼らざるを得ない彼女達は、どうしても夫の年収によって行動範囲や金銭感覚の差異が出てきてしまう。結婚するまでは同じレベルにいた女友達とも、そこで自然と階層の分断やカーストが生まれてしまいます。

「結婚してショックだったのは、これまでの女友達との付きあいが変わってしまったことです。大学までエスカレーター校だったので、友達は皆、買い物や遊びに行く場所も似ていて、困らなかった。けれど結婚してからは、夫の給料の差から『そんな高いところにランチに行けない』という人が出てきてしまう。働いていないと、女性は結婚した相手によって格付けが生まれてしまうんですね」（Mさん）

評価されづらい専業主婦の仕事

自分自身の評価が分からない、あるいはない。そのことが、彼女達を不安にさせ、ママ友内での格付けへと走らせてしまうのでしょうか。

彼女達が不安になる要因の一部に、主婦の行う家事・育児が社会から評価されづらいことにあります。家事・育児には、一定の評価基準がない。それゆえに、頑張っていても夫や子供からねぎらいの言葉をかけてもらえず、自己承認につながりにくいのです。

「旦那にはごろごろしていないで働けと言われる。決して家事をしていないわ

けじゃないのに。感謝していないわけではないと思うのですが、表してくれない」（Iさん）

共働き家庭では、お母さんに時間がないことが大前提。家事分担は当たり前で家族が回っているのに対し、いつでも夫や子供の都合にあわせてくれる専業主婦がいるというのは、家族にとってはものすごく贅沢《ぜいたく》な環境のはずなのですが……。

「格付けって、他人から評価されないとなされないじゃないですか。誰かが評価してくれないと自分で評価するしかないけれど、主婦って評価があいまい。自分をどこに置いたらいいのか分からなくて、外に評価軸を求めてしまう」（Gさん）

夫の収入に頼って生きている自分を、生産性がないと嘆く主婦もいます。彼女達は子供を産んで、育てているわけですから、ものすごく大きな生産をしているはずなのですが……。専業主婦の労働は賃金にして千二百万円ともいわれています。

「逆に、うちは一人っ子なので、二人産んでいる人を見ると〝うちは一人しか産んでいない〟という葛藤を感じます。周りにも時々〝一人っ子だから楽だね〟と言われると耳が痛い」

外部からの評価を求めたい、立ち位置を確認したいけれどそれはかなわず、逆に主婦仲間からの根拠のない評価に傷ついてしまう。狭いコミュニティ内の誰かの主観による評価に頼らざるを得ず、躍らされてしまうことが彼女達の苦しみの原因になっています。

独身女性との比較

彼女達の比較対象は、主婦仲間だけではありません。働いている女性、独身の女性達も、自分自身と比較する対象になります。

特に、FBやTwitterなどのSNSで、個人の生活が可視化されるようになったことで、自分と他人の暮らしぶりの差が丸見えになり、比べてしまう機会が増えました。

「ＦＢなどで、働いている友達がミシュランにのるレストランめぐりをしたり、海外で五つ星ホテルに泊まったりしているのを見るとうらやましいなと思ってしまいます。本当はそんなことに振り回されたくないのですが……」（Ｓさん・専業主婦・四十代）

「大学時代の友達に〝主婦なんて、いいご身分だよね〟と言われた時は傷つきました」（Ｍさん）

彼女達は、決して働きたくないと思っているわけではありません。現に子育てが一段落したら、仕事に復帰したいと思っているお母さんはたくさんいます。

しかし、彼女達がぶつかる壁に「ブランクがあり、働く時間に制限のある女性の社会復帰の難しさ」があります。日本で一度無職になった女性がもう一回正社員として復帰できる確率は四人に一人、再び三百万円以上の年収を得られるようになるのは、たった一〇％という調査もあります。そして未だに残念ながら、専門性のない人や、未経験者が正社員になれる唯一のチャンスは、新卒時なのです。

M字型就労とはまやかし。一度専業主婦になるということは正規労働市場からの撤退を意味します。

「VERY」見て焦る

本当は、結婚後も自分自身の武器を持ったほうがいいと思っているが、家事や育児に追われると、それも難しいというのが専業主婦ママ達の言い分です。

「証券会社の事務職でしたが、仕事が嫌で嫌で早く結婚して辞めたかった。子供の手がもう少し離れたら、お料理ライターになりたいんです」（Yさん）

そんな風に夢を語るママにもたくさん会いました。

しかし、一度仕事を辞めてしまうと復帰は難しい。家が「ママが働く仕様」になっていないからです。

「子供が幼稚園に入ったら、と思っていましたが、子供が帰った時に家にいてあげたいと思うと、時間が短すぎて働き口がない」

「もうアラフォーで、前の会社からのブランクも十年と長いので、パートでも四十社受けて、受からなかったんです」

「今度は小学校から働こうかと思うと、学童に入れない。高学年になると塾が始まる。なかなか仕事には戻れない」

「ＶＥＲＹ」（光文社）のように、妻やママとしての役目を果たしながらも自分の好きな仕事について輝きたいと思っても、「働けない理由」はいくつも見つかってしまう。

また、働きたいと言うと、周囲のママ仲間から理解を得られず、意識のギャップに悩む人もいます。

「周りは〝働いている人よりも、専業主婦のほうが偉い〟という考えのママばかり。私はできることなら働きたいのですが、幼稚園のママ友にはそんな考えの人はいない。『えっ、そんなにお金に困ってるの？』みたいに言われます。ちゃんと就職するならいいのですが、パートだと肩身が狭い」（Ｓさん）

「念願の専業主婦になったのに、雑誌などで友達がライターをやったりして、名前が掲載されたりしているのを見ると、おくれをとっているなと感じて焦ります。でも、子供の習い事を見てあげたり、勉強を見てあげるとか、そういうことでは共働きのお母さんは専業主婦には敵わないし……」（Iさん）

働いており、かつ社会的な評価をある程度得ている共働きや独身の知人を見ると、焦る。しかし、一度「子育て」を選んだからには、それが自分のアイデンティティ。母として、専業主婦としての役割も完璧にやりとげなければいけない。そんなジレンマから、社会復帰への迷いを抱える女性もまだまだ少なくありません。

一方で、未だに「専業主婦が一番偉い、一番幸せ」という価値観の中で生きている女性達も多い。

「独身の友達が、ネイルサロンに行ったり旅行に行ったりしている写真をSNSにアップしていると、結婚してないけど幸せよ！　アピールを感じることがある。そこに主婦の友達が、『いいなー』などと書き込みをしつつ『実際私達は女の幸せを手に入れたよね』と暗に匂わせる書き込みをしていたりとか（笑）。複雑ですよねー」（Mさん）

「働いているお母さんの子供に何かあると〝あそこはお母さんが働いているから、さみしいからよ〟と言われたりもする。専業主婦は何かというと人の粗《あら》を探したがる」（Kさん・共働き・三十代）

「年賀状とかの写真で、ついつい幸せアピール合戦になってしまうんですよね。友達は全部破って捨てていると言っていました（笑）。初めはみんな一緒だったのに、どこかで生き方に分岐点が生まれてしまうんですよね……」（Hさん・独身・三十代）

周りを全く気にせず生きることができれば幸せ。しかし、どこかで人と比べてしまう。人の目線から見るのではなく、自分目線での幸せがあれば十分なはずなのに。その幸せが見つからない。

これは日本の戦後が「多様性」を拒否し、「一億総中流」の画一的な幸せを標準として社会をつくってきた結果でしょう。

「女女《じょじょ》格差」という言葉を初めて知ったのは『女女格差』（橘木俊詔／東洋経済新報社）ですが、社会学者の上野千鶴子さんによると、その言葉を初めて使ったのは日本の女性起業家の草分け的存在である奥谷禮子《れいこ》さんということです。上野さんは規制緩和以降の「女女格差」について『女たちのサバイバル作戦』（文春新書）でこのように書いています。

「結婚したら家庭の人、が女の定食コースだったのですが、女性にも機会が増えたせいで、結婚する人しない人、結婚しても仕事を続ける人続けない人、仕事もフルタイムで働く人、パートや派遣で働く人……と選択肢が多様化した」

その結果起きたのが「相対的剝奪」という概念だそうです。

「み～んな同じ境遇なら不幸でも耐えられるのに、そのなかに格差が生まれて他の人と自分の境遇を比べるようになると、比較対象として選んだ相手（準拠集団）との落差が、剝奪感として強く感じられるようになる、という説です」

この相対的剝奪が、ＦＢなどでかつての同級生の書き込みにより、さらに強調されるわけです。

独身バリキャリ、独身ゆるキャリ、独身派遣社員、既婚子持ちか既婚子なしか、既婚子持ちバリキャリか既婚子持ちゆるキャリか、専業主婦か、パート主婦か、子持ちなら一人か、二人か、それ以上か……様々な分岐点で枝分かれする女の道。その時点で最善の選択をしたはずなのに、違う道や考えを持っている人と出会うと、心が揺れる。

だからこそ、小さな違いで人を格付けし、自分の位置を確認し、自己防衛をするのでしょう。女子カーストは自己防衛の一種です。

ママカーストとは別の世界がある

ママカーストに縛られないで生きる方法はないのでしょうか。

それには、自分なりの武器や、自分だけの世界を築くことが大切なのではないでしょうか。

例えば、オタクのお母さんで、アニメキャラクターのキャラ弁を作って毎日ブログにアップして、そこでいいね！　が何百もついていたりする。その世界ではスターです。そこは自分のフィールドであり、いいね！　をつけてくれる人がたくさんいます。

あるお母さんは嵐の大ファンで、子供の運動会に嵐のツアーバッグを持っていったところ、他のお母さんが駆け寄ってきて「あなたも嵐のファンなのね！」と。やっとそこで、気の許せる友達ができた、と言っていました。

「ジャニーズのファンをやっているのは、ママ友や、妻としての立場とも関係ない友達と騒げるのが楽しいからです」

という人もいるぐらいです。

そこは子供の教育や夫の年収などにこだわらず、本当に自分が好きな、嵐の話だけをしていればいい世界です。嵐ファンということで、「女女格差」もラクラクと超えられる。

どんなに小さくても、自分だけの評価基準で楽しめる世界をつくることが、ママカーストから抜け出す一つの方法なのです。

いずれは滅びる専業主婦というカースト

「『VERY』の読者の五〇・九％以上が正社員共働き」（「VERY」二〇一三

年九月号／「働くママの幸せな時間」）という情報に驚く人は多いのでは？
そう、幸せ専業主婦の牙城と思われていた「VERY」ですら、今や読者の半分がワーキングマザー。それも「正社員」なのです。

そして、そのほとんどが定時勤務で、遅くとも十八時までの勤務のようです。つまり、「ゆるキャリ」ママです。

そして働く目的は、という問いへの答えは「将来への貯蓄　二二・八％」「子供の教育費　一九・二％」「家族のプチ贅沢　一八・〇％」「自分の買い物　一八・〇％」でした。キャリアアップ、自分磨き、アイデンティティなどという人はどれも一％ちょっとです。

これを読んでやっと「ママも働くことが当たり前」の時代が来たのだとほっとした思いです。すがすがしいほど「お金」のためです。

だいたい「VERY」にのっている何気ないスウェットパーカーでも二万五千円。スニーカー底スリッポン（何気ないウォーキングシューズのような外見）でもバーニーズNY製で三万七千円台。どちらもユニクロとABCマートで購入すれば、絶対に一万円以内、うまくすれば五千円以内で両方買えそうなものですが、やっぱり、これを買いたければ働くしかないのです。

多くの夫が「働くことに賛成」で「家事を積極的に手伝ってくれます」。「手伝う」という言葉自体、非常に「VERY」らしい共働きです。キャリア系の働くママなら「手伝う」ではなく「分担」と言わないと怒られますよ、ぜったい。

あくまで家庭が中心で、仕事はお金のため。

しかし「可能な限り続けていきたい」という人が五二・〇%です。特筆すべきは「お仕事ママと専業ママの実態について」という編集部のまとめです。二〇〇七年ぐらいまで「お仕事ママ」と「専業ママ」の間には大きな川があり、VSですらあった。しかし二〇〇八年〜二〇一二年の間に、その川に橋がかかった。かけたのは「VERY」ママ。つまり「キャリアとか専業とか区別せず、子育て、ライフスタイルにあわせて、行き来すればいい」という考えの持ち主だそうです。二〇〇九年の時短開始、二〇〇八年のリーマン・ショックで働く母が増えたのでしょう。さらに二〇一三年から「新たな潮流」として「ワーママ」という存在が出現。「お仕事ママ」と「専業ママ」の中間に位置する存在で「時短勤務」「キャリアアップは考えない」「家族が一番、仕事は二番の働き方は何があっても譲らない」……うーん、女性活用や二〇二〇年までに女性管理職を三〇％にとボンボン花火を上げている現政権に対して、すがすがしいまでのアンチテーゼ。

しかし、私はいいと思っています。その働き方が許される限り、働く権利はあるのですから。ぜひ企業にぶら下がってください。もともと企業には、利益をもたらす社員は二割といわれています。八割の働かないおじさんを養ってきたのですから、次世代のお客様を育てるワーキングマザーをぶら下がらせないでどうしましょうか？

ということで、これからは専業主婦という選択はどんどん滅んでいくはずです。その選択を否定するわけではなく、もう無理なのですね。結婚を夫の単一インカムで維持していくのは。

仕事が好きな人も、好きではない人もこれからは働かなくてはいけないということです。

ところが、今の女子大生にその覚悟があるかどうかというと……。今の女子大生はちょうどバブル世代の子供。つまりママ達は働く道もあったのですが、「働かないで専業主婦」になることを選択し、それを「勝ち組」と思っている世代です。

アンケートをとっても、ずっとフルタイム勤務の母親はどこの大学でも（早稲田でも中堅女子大でも）二〇％程度でした。東大等、偏差値が上がるにつれ、女子の教育に投資できる裕福な家庭が多くなります。つまり東大女子の母親が一番専業主婦が多いという確率が高くなります。

母親は一度子育てのために仕事を辞めてきた世代です。その子供達に「これからは自活できることが大事。働き続けましょう」という意識転換をさせるのは非常に難しい。「子育ては『自分が』頑張らなくてはいけない」と信じています。そして「それはとても大変なことだ」と重荷にも思っています。さらに、子育てしながら働く自分を想像できません。

しかし、ここで「働くことが当たり前」という概念を身につけないと、後が大変です。

産業構造の変化により、二〇〇七年から「男性不況」が始まり、この六年間サラリーマンのお給料は落ち続けています。今後は年収五百万円がサラリーマンの生涯年収のピークになるそうです。

「団塊ジュニア世代以降は、六～七割が年収500万円の壁を越えられないでしょう」「生涯賃金は、90年代以降右肩下がり。大手企業ですら3・5億円から2・5億円と1億円も減っています」(「SPA!」二〇一三年九月十七・二十四日合併号／「[年収500万円程度]で終わる男の実像」)と語るのは、人事コンサルタントの城繁幸さん。

経済産業省のデータを見ても、日本は年収が二極化しているのではなく、「年収二百万円～四百万円の世帯が増える」貧困化となっています。

今後養ってくれる男性はいない。世帯年収を上げ、子供を育てたいと思ったら、もう共働きするしか道はないのです。

今は共働き世帯が片働き世帯を上回っているとはいえ、それは「年収百万円前後のパート主婦」が増えているだけ。男性も一人では養えないと悲鳴をあげています。婚活しても結婚できないのは、「養ってほしい女性に対し、養える、または養おうという気のある男性の数が足りない」という、単純な数の問題。未婚で年収四百万円以上の男性ですら、四人に一人しかいません。

つまり、今後よほどのラッキーに恵まれない限り、今の女子大生達は働き続ける覚悟をするしか、結婚への道もない。

図式化すると以下のようになります。

母親は自分が五歳の時から専業主婦なので、働く自分と子育てする自分が同時期というイメージがない。

←

会社に入ると長時間労働で、子育てとの両立はさらに不安。

↓
子育て期を養ってくれる人を探す。

↓
年収四百万円以上の未婚男性ですら四人に一人。婚活しても結婚できない。

↓
未婚のまま働き続ける、晩婚または未婚、晩婚で晩産になるとさらに子供が持ちにくい。

すでに現在ですら、専業主婦は「裕福」と「貧乏」に二極化しています。そして今一番裕福なのは専業主婦世帯ではなく「共働き世帯」です。

奥さんが正社員で働く世帯と、専業主婦になる世帯の収入格差が広がる「夫婦格差社会」（『夫婦格差社会』橘木俊詔・迫田さやか／中公新書）になるのです。

専業主婦を否定するつもりはないのですが、今後、豊かで満足な子育てがで

きる専業主婦は「希少な存在」になるでしょう。同時に専業主婦によるママカーストは、やはり希少な存在になると思います。

恋愛・婚活カースト

私はこれまで多くの二十代～四十代の女性達に、結婚や恋愛観についてインタビューをしてきましたが、今の二十代の女性達と三十代、四十代の女性達とでは、恋愛・結婚についての価値観にずいぶんと大きなギャップがあるのを感じます。

早く結婚する人、遅く結婚する人

インタビューの中で、三十代、四十代の女性達が口をそろえて言うのは「今の二十代は堅実」。

何が堅実なのかというと、二十代は恋愛や結婚相手、そして自分の仕事にす

らも多くを求めないのです。生まれた時から不況な世代は「そこそこ」の幸せを求める、現実的で高望みしない世代です。

今の三十代、四十代は、未婚・晩婚化の波が押し寄せ、全体的に初婚年齢が上がった世代。一方で、今の二十代は、結婚が早い層と遅い層にはっきりと分かれます。早い人はすごく早いし、遅い人は遅い。さっさと結婚する人と、しない人に二極化しています。それも女子カーストを分けています。

東大の中におしゃれなカフェがあるのですが、ある日そこでお昼を食べていたら、隣に大学院生らしい二人連れの女子が座りました。一人は「モード系」のファッションで決めた「ａｎ・ａｎ」（マガジンハウス）っぽいオシャレ女子。もう一人は明らかに、「実験、実験で格好とか、かまっていません」系の非オシャレ女子。

「あのデータが」「××を分析する装置が使えないと……」とマニアックな話をしていて、明らかにリケジョ（理系女子）。話は研究から就職に移りました。

二人は就職先が内定しているようです。

「でもさ、結婚とかはまだ先だよね……あ、彼氏いるの？」

ふいにオシャレ女子が尋ねました。すると、徹夜明けっぽく、髪の毛もちょっとぼさぼさしている非オシャレ女子のほうがあっさりと、

「……いるよ。つきあって四年ぐらいになるんだけど、一緒に住んでるの」

そこで「彼氏いる、いないカースト」の線がサーッと引かれました。

「……そっか。……結婚とか、考えてるの」

「いずれね。今は仕事だよね」

学卒時に彼氏がいる、いないで、今後の将来設計は大きく違います。なぜなら、今の女子大生達は、早く結婚したいからです。

「今の彼か、次の彼と結婚したい」（慶應大学生）

「学生時代の彼がいい会社に就職したら、絶対に逃さず、社会に出たらすぐに結婚するのが今の二十代。だからうちの会社の男子なんて、二十代でほとんど片付いちゃう」（出版社勤務）

不況世代は上の世代のように「自分磨きをすれば、もっといい男が来る」とは全く信じていないのです。

そして仕事を続けていこうと思う人ほど早く結婚・出産しているような気がします。かつてならバリキャリの代名詞の新聞記者なども、「最近は入社から三年ぐらいの地方回りの間に結婚、出産する記者も目立つ。昔なら、〝修行時代〟に結婚なんて、考えもしなかったんですけどね」（某新聞記者）

やりたい仕事がある人、安定した仕事があって、細く長く働き続けたいと思っている人ほど、早く結婚、出産をすませておこうという心づもりが見てとれます。

「うち（地方公務員）では、若い層は、仕事をしていても比較的、キャリアに対する欲がないんです。それよりも早く結婚して子供を産んで、細く長く働き続けたいという志向の人、いわゆる『ゆるキャリ』が多いと思います」

インタビューした二十代の公務員の女性は言います。

「職場の同期に東大、一橋、津田塾、立教出身の四人の女性がいるんですが、結婚して子供を産んでいるのは東大と一橋出身女性。高学歴の女性ほど、かえって早く結婚する傾向にある」

いい大学を出ているにもかかわらず、彼女達は昇進試験があっても受けないし、周りに薦められたとしても「私には関係ない」と最初からその選択肢を捨てているそうです。

私が各大学での講演ごとに実施している、女子大生結婚、仕事観アンケートでも、早稲田大でも二九％もゆるキャリ志望者がいます。昭和女子大では三八％でした。

慶應、早稲田でも一定の「一般職志望者」が必ずいるのは、一生働かなければならないことはみんな分かっているので、バリバリ上を目指すよりも、そこそこでいいから子育てや家庭と両立させたい――そう望むから。それは、上の世代の女性達を見て学んだ教訓です。

さらに、今の二十二歳～二十七歳は、〇八年のリーマン・ショック以降に就職した世代。その影響もあって金銭感覚が堅実なのも特徴です。実家暮らしなら実家にもお金を入れる。貯金が大好きです。

恋愛に関する金銭感覚が三十代、四十代と大きく違うのもこの世代の特徴です。

彼女達の理想のデートは「ドライブデート」だそうです。そもそも同世代で車を持っている相手とデートすることがないから、なのだそう。ドライブデートが当たり前の四十代とは大きく違います。

また、四十代の女性が「お手洗いに行っている間にお会計が済んでいるのが当たり前」と言うのに対し、二十代の女性は「割り勘が基本」。例えば、ランチでイタリアンに行ったとして、二人とも千二百円ずつだとすると、一人千二百円か千円を払って、端数は相手。たとえ少額でも、相手が払ってくれるということはないと言います。

四十代の女性曰《いわ》く「今の二十代はすごく謙虚。男性に何かしてもらったらすぐ『ありがとう』と言うのが特徴」。

若さもありますが、恋愛、婚活の相手として二十代のバリューが高く、相手として選ばれやすいのは、この「謙虚さ」「ラクさ」にも大きな原因があります。

「四十代の元モデルより二十代の普通の子」というのが男性の合言葉です。

二十代女子達がそうなった原因は、相手側、つまり二十代女性の恋愛の相手になりやすい、二十代男性の性格にもあるようです。

待ちうけ二十代男子と恋愛しない女子大生

二十代〜四十代の全ての女性達が、口をそろえて「二十代男性はオクテだ」と言います。

二十代の女性にインタビューしても、彼女達は「自分から告白した」という場合が圧倒的に多い。「待っていても、何も起こらないから自分で行くしかない」(Kさん・二十代)。

三十代、四十代の女性達は、男性からデートに誘うのが当たり前と考えているのに対し、二十代の男性は食事に誘うことも「面倒」「一二〇%OKという確信がないと、告白できない」と言います。逆に「女性から誘ってもらうことは大歓迎」な待ちうけ男子です。

セックスにも消極的で、添い寝だけ。女性のほうからアプローチしても、手を出してこないことが多いと言います。

「こちらから好きで、付きあっているんだから、付きあい始めて一週間でもセックスOKなのに、一ケ月以上かかる」（Mさん・三十代）

空気を読むことに長《た》け、「自分の性欲など犠牲にしても、傷つくよりはいい」。彼らは、自分から仕掛けることはしません。

そんな彼らを見てきた二十代女性は「食事に誘ってくれるだけでポイントアップなので、割り勘でも嬉しいし、それでおごってくれたりしたら本当に嬉しい」（Kさん）。

三十代以上が男を減点方式で見るのに対し、二十代女性は加点方式なのです。

そんな待ちうけ男子が生み出すのが「彼氏いない女子大生」です。

日本性科学会では、「男子大学生の性体験率がここ十年下がっている」ということがずっと問題視されていたのですが、昨年あたりから「女子大生の体験率も下がっている」ということが話題になりました。

私は二つの女子大で授業を持っているのですが、教室の学生を見ていても、恋愛市場に自分を置いている子、置いていない子の二極化を感じます。自分から恋愛市場に打って出る子は合コン三昧ですが、何もない子は何もない。彼氏がいない子はいない子同士で集まり、いる子はいる子同士で集まる。恋愛カーストにおける層の分断は、すでにこの年代から顕在化し、その差は徐々に広まってゆくと言ってよいでしょう。

男子に誘われなければ、女子が自分から男子を誘わなくては接点はありません。そして「恋愛でいい思い」をしたことがなければ、「恋愛したい」という憧れも、彼氏がほしいという強い願望も起きません。

バブル世代の女性が、男性からちやほやされて自己肯定感を高めてきたのに対し、二十代の女性達は、生まれた時から不況。男性は自分からは打って出ない草食系、待ちうけ男子。男女関係の中で自己肯定感を養う時間など、到底ありません。

「彼氏がいない」という女子大生は確実に増加しているような気がします。そして「女子だけの世界」に身を置いていたら、「男性目線の格付け」に苦しむこともなく、楽なのです。「恋愛って実はめんどうくさい」「男子ってうざい」と心の底では思っている子も多いのでは？

今年の夏に女子大生のサマーインターンプロジェクトをやったのですが、そこでも「可愛いのに彼氏がいない」「モテそうなのに彼氏がいない」という女子大生がかなりいました。東大女子に言うと、

「ウソでしょう？　東大って東大女子が入れるサークルは三個ぐらいしかないんですよ。みんな男子は女子大生に持っていかれます」

いやいや、それは積極的な女子大の女子でしょう。恋愛カーストは、大学生から二極化していきます。分岐点になるのは、環境と活動。共学で男子がたくさんいる場合、それほど積極的にならなくても彼氏はできますが、周りに男子が

いない女子大の女子の場合、「自分から動く」か動かないかが大きな分かれ目になります。

決め切れない四十代「センミツ女」

「今まで婚活で千人の男性と知りあいました。でも実際にデートまで進んだのは三人だけ。だから友達にはセンミツ女と呼ばれています」

というのは四十代婚活女子のSさん。

「一人の相手と交際を始めると、執着して三年〜四年は付きあってしまう。結果、婚期を逃してしまったんです。今の若い子には『一人に執着しちゃだめだよ』と言い聞かせています」

彼女は自らの経験を生かし、婚活中の女子が語りあったり、またアドバイスしあうような会も運営しています。

三十七歳の時にお父様が亡くなったことがきっかけで婚活を始めました。

彼女の婚活は「リアルイベント」、つまりインターネットではなく、まず会える「お見合いパーティー」「合コン」「街コン」などです。

リアルイベントにこだわるのは、

「インターネットのお見合いサイトだと、年齢で差別され、最初からスクリーニングされてしまうことが許せないから」

婚活カーストでは、まずデータがモノを言います。年齢で検索されると四十代は明らかに不利。リアルイベントでは見た目年齢が重視されるので、年齢の差別はオンラインほどではないのです。

「それでも最初、四歳はサバをよみますけどね」

Tさんは海外の大学を卒業し、イギリスで働いた経験もあるキャリアウーマン。休日は住んでいる地域のボランティア活動も行い、その傍ら婚活……と非常にアクティブです。しかし、

「自我ができすぎてしまっているので、同世代や年上の相手とうまく付きあえない。自分を受け入れてくれる相手とならうまく行くかもしれないが、自己主張が強い男性が好きなので互いにぶつかってしまう。だったらもう、一生片思

いとか、デートするだけくらいが一番いいかも」（Tさん）

自己肯定感が低く恋愛市場に乗れない二十代とは対照的に、自我が強い者同士がバッティングしてしまい結婚に至らないというケースも四十代の未婚の男女には多いのではないでしょうか。

四十代の未婚の女性で多いのは、「これまで恋愛のチャンスがありすぎて決められなかった」というパターンです。

今の二十代女性が、恋愛経験をする機会自体が乏しく結婚に到達できないのに比べ、彼女達は二十代のうちから盛んに恋愛をし、男性からのアプローチにも慣れている。しかし、これまで数々の男性を見てきた結果、条件がつり上がり、「この人となら結婚してもいい」と思える相手、自分にとっての妥協点を決めきれなくなってしまった人が多いのです。

四十代はミスマッチゾーン

四十代は、自分達が二十代だったころ、バブルのころに男性から大事に扱われた経験を持っている。そんな扱われ方を、結婚相手に求める彼女達ですから、当然、婚活でもターゲットは自分達と同世代の男性か、それより上になってきます。

しかし、同世代の、彼女達の望むような女性のエスコートに長けていて、女性を口説ける男性達は、当然、結婚している。求めるのは不倫相手……ということになってきます。もしくは、四十代以上の独身男性は自分より年下の相手を探している場合が多い。男性は年下がよく、女性は同世代か上を狙うので同世代同士で結ばれない。四十代前後は、婚活サービス業界では、男女で相手に求める条件が噛みあわない「魔のミスマッチ・ゾーン」なのです。

「十五歳以上年上か、十歳以上年下に幅を広げてください」

私は必ずそうアドバイスするのですが、なかなか四十代はかたくなです。

「五十代になると今度は介護の問題が浮上してくるのでもう少し下（四十代前半〜四十代後半）の男性がいい」（Sさん）

年上女性×年下君の「格差婚」は普及するか

最近では、「年収の高い年上女性と、若くて収入の少ない年下男性の組みあわせ」に注目した雑誌の特集も見かけます。

高収入の女性が外でバリバリ働き、低収入の年下男性は妻の収入に頼りながらそれを家で支えるという組みあわせです。

今は貧乏でも、将来は博士になりそうな研究者を自分が働いて支えているという、「先物買い」婚をする女性もいます。中には妻が夫を扶養家族に入れている、という例も。現在専業主婦と同じ、「三号年金」の手続きをしている男性は十一万人いるそうです。

「今は彼のほうが明らかに年収は低い。私が一家の大黒柱で、大学で講師をする彼が子育て担当。キャリア職で子供が三人持てたのは、彼のおかげです。彼がどこかの教授になったら、年収一千万円ぐらいにはなるので、そのころは私が仕事をトーンダウンしてもいいと思っています」（マスコミ勤務・三十代）

現在、結婚する四組に一組は男性のほうが年下ですし、今後もこのような形の結婚は増えてくるのではないかと思います。

ところが、四十代女性にとって年下の男性はどうなのかというと、やはり男性に求めるエスコート力や経済力を満たしていないと、なかなかターゲットにはならないという女性がほとんど。

「バブルのころの男性が、自分の青春そのものなので、そういう男性しか愛せません」（Sさん）

「先物買い」婚や「格差婚」は、バブル期と同じ条件を求める四十代の女性にとってはまだまだ一般的な選択肢ではなさそうです。

理想のタイプと現実の相手のギャップ

二十代〜四十代の女性の結婚・恋愛観の違いについて述べてきましたが、では彼女達に共通する点というのはないのでしょうか。結婚と恋愛を別にするかどうかはさておき、彼女達が付きあいたい男性のタイプを聞いてみると、「自信があって、堂々としている人」「自分が付いていきたい人」だそうです。どんなに自分がバリバリ働いていても、好きになった人には仕事をセーブしてでも付いていく努力をする、と。

高学歴でしっかりした女性達でも、求める男性像はステレオタイプな、女性を引っぱっていくタイプが多い。好きなタイプと、実際に自分とあうタイプとは別なのではないかと思うのですが、結婚相手には、やはり旧来の「男らしくてリードしてくれる」男性像を求める女性は多いようです。

二十代の公務員のKさんは婚活中です。

「私が結婚したいのは、実家のような家庭を早く作りたいと思っているから。父が八歳年上で、母は専業主婦という典型的な中流家庭。できればそれと同じような家庭を作って安心したい。自分の家庭の再生産を早くしたい」

彼女には三年付きあっている同い年の彼氏がいる。それなのに婚活を行っているそうです。

「相手に決断力がなく、なかなか結婚に踏み切ってくれない。プロポーズくらいはちゃんとしてほしいと思って待ち続けているのですが、どうにも進展しないんです」

この際結婚は別の相手を探そうと思い、婚活に踏み切りました。しかし、婚活パーティーなどに足を運び、友達からの紹介で何人かの男性と会ったものの、長く続いている彼氏と別れてまで付きあいたい相手が見つからず、結局、本命は彼氏で、遊ぶ相手はパーティーなどで知りあった人、と割り振りしているそう。

「今の彼氏より条件が上の人が見つかったら結婚しようと考えているんですが……。なかなか見つからないし、別れに踏み切れない」

婚活をしていて一番良くないのは「決まった相手がいる」パターンです。その人を基準に、より良い条件の人を探そうとするとなかなか見つからない。Kさんに必要なのは、今の相手をもう一度結婚相手として考えられるか、関係を続けていくかどうかじっくり考えることではないか、と思うのですが……。

一〇〇対一〇〇のお見合いの婚活カースト

ある四十代の女性は、自衛隊の主催する一〇〇対一〇〇のお見合いに参加したことがあると言います。「ふれあいパーティー」という名目で、七名ずつの男女のグループをつくり、男性のグループが女性のテーブルを順番に回ってゆく。それを十回くらい重ねるというものです。トークタイムが終了したあとは、気になった相手を指名し、お互いにマッチすれば成立、という形式です。

そうしたイベントで人気の出る男性は、まず、小綺麗で背筋がぴんとしている人。では女性はというと、とにかく若い子が人気なのだそうです。「CanCam」（小学館）系の清楚な子、芸能人で言うと、仲間由紀恵さんか菅野美穂さんタイプなんだそうです。深津絵里さんのような、凛としたタイプの女性も人気。しかし、どんなタイプにせよ、声をかけられるのは二十代で、三十、四十代は壁の花になっていることが多いとか。リアルのイベントでも、やはり、歴然とした年齢の壁があるそうです。

年齢で振り分けられるお見合いサイト

次に、インターネットのお見合いサイト。

三十四歳の女性は、月に一万円払ってお見合いサイトに登録しています。

「成功報酬は二十万円、写真代で二万円。そのサイトは男性側の年収が比較的高く、マッチングが成立すれば成功報酬は男性側が払うんです。普通の出会いサイトよりは安心だと思って入会しました」

そこで、男性から申し込まれ、十回程度はデートをしたそうですが、これまで女性側からリクエストをして会えたことは一度もない。条件があまりにもかけはなれている場合は断られるそうです。

サイト上で登録している男性の希望条件を見ることができますが、ここでも男性側の希望条件は圧倒的に年齢に関するものが多い。「最低でも三歳下」など。三十代の登録女性には、四十代後半か、五十代、自分よりもずっと年齢の離れた層からしか声がかからない。その女性は、三十五歳の三ケ月前に、結婚相談所のカウンセラーから「あえて言うことじゃないが、三十五歳になる前の今が

（マッチングの）チャンスだ」というような内容のメールを受けとったそうです。

先ほどの四十代の女性もYahoo!の主催するサイトで二度、男性と会ったことはあるものの、一目見て「あわないな」と感じてもデートしないといけないのが辛くてやめたと語りました。

条件から絞り込めるぶん、リアルで顔をあわせるイベントよりも、互いに出しあう条件がずっとシビアになるのがお見合いサイトの特徴と言ってよいでしょう。

婚活カーストにおけるカーストは女子同士じゃない!?

婚活している結婚できない女性達の話を聞いてみると、改めて、婚活市場における女性のカーストは「年齢」であることが分かります。「若い女性が一番地位が高く、あとは年齢が高くなるにつれて下がってゆく」という婚活におけるカーストは、女性同士が順位を決めるのではなく、若い女性を求める男性の目線によって「年齢」という絶対的な基準で決まっていってしまう。特に、顔をあわせるわけではないインターネットのお見合いサイトでは年齢が一つの大きな判断基準であり、本人達の努力にかかわらずそれ一つで有利・不利が決まってしまうのです。

本当のミスマッチの原因

「婚活」ブームのきっかけとなった『「婚活」時代』から五年。今の婚活の現状を解き明かす意味でも『「婚活」症候群』（ともに山田昌弘共著／ディスカヴァー携書）という新刊を出したのですが、本当のミスマッチの原因は結婚観です。婚活するほど結婚できなくなる……そんな悩みの根本にあるものです。

婚活向けに最初から「本人確認」をするサイト、「エキサイト恋愛結婚」が二〇〇三年の開業から十周年を迎えました。

会員に様々なアンケートをする「恋愛投票箱」があるのですが、「結婚後理想の女性の働き方」を聞いたところ、男性は「フルタイム」が最多で四四・二％。一方女性のほうは「派遣、パート」が最多で四一・四％でした。

出産後、子育てしながらのフルタイムがきつい、環境がまだ整っていない、イクメンが少ないということもあるのですが、男女ともにそろそろ「男性は仕事メイン、女性は子育てメイン」という「昭和結婚」から「脱昭和」しないと、ミスマッチの結婚難は続きます。

女性は「稼ぐ」覚悟をし、男性は「家事、育児」を本気でやる覚悟をする。本当はそのあたりをちゃんとマッチングさせるのが結婚への近道です。

エキサイト恋愛結婚でも「共働き賛成の人特集」をやって、非常に好評だったそうです。婚活で女性では若ければ若いほど有利、男性では年収が高ければ高いほど有利というカーストがあります。でもカーストを超える試みは、実はこんなところにあるのです。

女子会は恋愛カーストの確認の場？

「職場内では結婚していないので順位は下でも、高校の同級生グループの間では彼氏がいるのは自分だけなので最上位だ」という女性がいます。

その順位を確認する場、それが女子会です。

二十代の女性に聞くと、「女子会は承認欲求を満たしあう場で、そこにいるメンバー内のカースト順位を確認するためのもの」なのだそうです。

女子会はコミュニティごとに開催されるので、職場内の女子会と、高校時代の女子会ではカーストの順位が変わってきます。彼女達はコミュニティごとにその内部でランク付けされ、互いの立ち位置を確認し続けているのです。

女子同士のカースト順序を決めるのは「彼氏もしくは配偶者の有無」。女子会を開く度に、互いの恋愛事情をアップデートしあい、彼氏のいる・いないを確認しあって序列化する。

しかし、彼女達も、お互いを探りあうことに対する疲弊を感じているようです。

三十代のMさんは久々の同級生同士の女子会がちょっと憂鬱です。「友達同士で集まって『で、どう最近？』と聞きあい、彼氏がいないと分かるとほっとする。このグループの中で（結婚が）最後になるのは嫌だなぁ、とそういう計算をしてしまう。他の子が彼氏ができたと聞くとおめでとう、と思うけれど、それを聞く瞬間まではドキドキしてしまう」と言います。

ただ、女子会内の恋愛カーストがあるからこそ、「闘争心が湧いてきて、結婚へのモチベーションを高められる」とも。グループ内での順序を下げたくないという思いが、結婚の動機につながっている場合もあるようです。

そして、「恋愛・婚活カースト」とはまた別に「モテカースト」もあります。「『カレシできる人、結婚できる人』と『モテる人』っていうのはまた別だよね」というのは峰なゆかさんです。

モテカーストについて、爽やかというほど容赦ない分析が続くのが、『恋愛カースト』（犬山紙子・峰なゆか／宝島SUGOI文庫）。

「世の中の女子は、大きく分けると『王道モテ』『邪道モテ』と『非モテ』の三つのカテゴリーに分類できる」（峰さん）

王道モテとは「女子アナ」タイプなど、邪道モテは「森ガール」「ニッチアイドル」、文化系男子にストライクゾーンの「書店員タイプ」など、バラエティに富んだカテゴリー。

ただモテるのではなく、カレシ、から結婚につなげるのは、実はニッチな「邪道モテ」のほうが確率が高いかもしれないと本書を読んで思いました。

結構実用的な恋愛本、婚活本でもあります。

恋愛は結婚への第一歩となります。恋愛の入り口を入ることは重要なのですが、その恋愛すらが、カーストによって阻害されています。

せっかく誘われても「こんなランクの男性では、格付けが低くなってしまう。同級生よりいい夫を見つけたい」などの理由により、せっかくのチャンスを自分から断ってしまうから。

プレジデントオンラインの「女が男に求める『人並みの年収』とは？――結婚とおカネ・女の言い分」に、「半径五メートルの法則」について出ていました。よく結婚相手に望む年収は……という設問がありますが、これは回答者の環境、さらにいえば半径五メートルが影響しているというのです。

「一般的に、日本の女性は、この『人並み』に異様なまでにコダワリがあります。自分の半径五メートル以内にいるご同輩の〝平均値〟を、自分が持っている何かが下回ると、女はたちまちしょげかえり、いじけ抜き、しまいには、自分より〝持っている〟人を妬み嫉むという特性を有しています」(佐藤留美さん)

まさにカースト問題の根本をついています。

人並みとは、経済産業省が出している「サラリーマン」の平均年収を基に算出されるものではありません。自分の周りの、自分と同程度（と自分が信じる）女性達が、結婚している相手の平均値なのです。

金融機関に勤める婚活中の三十代女性は、「まわりの男性の収入は八百万円以上。同期はそういう人と結婚しているし、男性なら誰もがそれぐらい稼いでいると思っていた」と言います。

「じゃあ、社内結婚をターゲットにすれば？」とアドバイスすると、

「もう気持ち悪い人しか残っていないんですよね。あとはすごい遊び人とか」

彼女が社内以外で結婚するとなると、独身男性の五・八％しかいない年収

六百万円以上のゾーンを争う、血みどろの婚活に勝利しなければなりません。

どこかでこの「半径五メートル以内のカーストの価値観」とおさらばしないと、恋愛しても、結婚しても、子供を持っても、永遠にカースト内の争いが続きます。

私も三十六歳で結婚したため、自分の準拠集団（幼稚園からの私立女子高の仲間）とはかなり離れてしまいました。そして、結婚しても仕事を続けており、さらに子供もいないので、もっと離れてしまいました。しかし、逆に今の結婚も仕事も、準拠集団から離れたからこそ、できているのだと思います。

三十代で同級生の結婚式に行っても、みんな自分が出た幼稚園に子供を入れるお受験の真っ最中で、子育ての話のみ。悲しい疎外感を感じ、早く追いつかなければ……と焦ったこともあります。

しかし、はぐれたらはぐれたなりに、そこでまた新しい仲間が見つかります。そして、子育てが終わった準拠集団の同級生とも、また再び会うこともできるようになります。

婚活、恋愛に悩む人は、ぜひ一度「半径五メートル」から、「はぐれてみる」ことをオススメします。

女子大生カースト

これまで、夫の立場によって序列が決まってしまう「ママカースト」や、年齢が絶対的な基準として女性の前に立ちはだかる「恋愛・婚活カースト」について見てきましたが、女子大生の間では一体どんな要素がカースト内順位を決めるのでしょうか。

これまで多くの女子大生にインタビューしてきたところ、意外な答えが返ってきました。

女子大生カーストを決めるのは「コミュ力」

都内名門女子大学に通う女子にインタビューしたところ、彼女達のカーストを決めるのは、なんと「コミュ力＝コミュニケーション能力」。

彼女達の言う「コミュニケーション能力」とは、話が面白かったり、幹事になった合コンを上手く仕切って盛り上げられる、飲み会で空気が読めることや、あまりお酒を飲み過ぎず、周囲に迷惑をかけないなど最低限のことができている、等を指すそうです。

つまり、周囲と常に上手に接し、その場にあわせて適切な振る舞いを取れることが最重要なのです。

また、彼女達にとって異性と出会う場である学外における人脈の広さ、特に男友達の多さが一つのコミュ力を計るものさし。「社会人の知りあいが多いこと」や「合コンの幹事を頼まれる」など、普段から異性と接し慣れていて、人に紹介できることも、コミュ力が高い証拠なのです。

周囲から浮かないファッションが第一

コミュ力の中には、ファッションも含まれます。

「どんなに顔が綺麗でも、おしゃれに気を使っていない、モサい女はアウト。不潔なのもダメ」(Hさん)

最近では女のお笑い芸人さんでもファッションに気を配っている、お洒落な方が増えましたが、女子芸人達は女子大生の中でも評価が高いようです。逆に、ファッションのテイストが異なる、例えばギャル風で軽そうなファッションをしていたり、金髪で学校に来るなど、自分とはテイストの異なるファッションをしている子は「色物扱い」。また、おしゃれで顔が良くても、派手で、男関係がルーズそうな〝チャラい〟子はダメなのだそうです。

「読者モデルやっている子は、チャラいか清楚系に分かれるけど、チャラくて軽そうなのはダメ」(Hさん)

「上品かどうか、雰囲気も重要」(Oさん)

女子大に行くといつも思うのですが、彼女達のファッションはみんな本当に似通っています。自分のしたい格好をするかどうかより、まず、周囲から浮かないことを第一に考えているからだと、なぞが解けました。

「入学したての時は金髪にしたり、ゴスロリ風の格好をしていたけど、だんだんやめた。周りから浮いちゃう」（Sさん）

美貌以前に、ファッションセンスが良く、品のいい格好をしているかどうか、周囲に馴染む格好をしているかどうかが、女子同士の評価に大きく影響しているようです。

SNSの振る舞いもチェックされる

また「SNSでの振る舞いもチェックしちゃう。文章が馬鹿っぽくないかどうかとか、非常識なことを書かないかどうか、とか」（Hさん）

彼女曰く「選挙で誰に投票した、とか書くのはアウト。著名人でもないのに、言っちゃだめでしょ」。今年からネット選挙が解禁になり、誰それに投票した、と一般の人もSNSなどで公表するようになりましたが、彼女達にとってはそれも〝和を乱す〟行為なのでしょうか。

「空気読めない人はだめ。そういう人って、社会に出ても、どこに行ってもだめじゃないですか。合コンとかで幹事ぶったりとか、でも仕切りきれてない、みたいな人を見るとあちゃーって思う」（Hさん）

恋愛経験の有無

また、恋愛の有無も彼女達の間での評価に大きな影響を及ぼすようです。

「彼氏がいる・いない、モテる・モテないとかで話せる内容が変わってきちゃう」（Oさん）

彼氏がいるかどうか、モテるかどうかも、結局、周囲と難なく接することができ、合コンに呼んでもらえ、人を紹介してもらえるだけの「コミュ力」がある証なのではないでしょうか。

「どんな恋愛をしているのかということより、多少ダメな経験でも、ないよりマシ。恋愛経験ゼロは悲惨」（Oさん）

その中でも、ランクを決めるのは「彼氏のステータス」。

「彼氏ができたと聞くと、まず、どこの大学かを聞く。MARCH以下の大学だと〝え、どこがいいの？〟みたいなことを言われます。日大だとまだいいけど、自分と偏差値の近い、帝京とか、専修だと、〝え、なんで？　車持ってるの？〟みたいな」（Hさん）

「結局男はステータスですよ」（Oさん）

彼氏の学歴や、社会人の場合は企業名など、恋愛相手のランクによって自分のランクも自然と決まってくるのだそうです。

以上の項目を見てみると、彼女達のカースト内ランクを決めるのは、ファッションやSNS上での振る舞いも含む「コミュ力」、そして「見た目」、さらに「ステータスの高い相手との恋愛経験があるかどうか」という三つのポイントがあるようです。

女子会でのカースト

彼女達が一番、カーストを感じるのは「女子会」だそうです。どんな時に女子会を開催するかというと、仲がいい子はもちろん、「学科の同じ授業で、一緒にグループ作業をやって、そのまま付きあいでランチにいったりとか……。仲良しじゃなくても、一緒にごはんを食べないといけないこともあるので大変」（Hさん）

そういった場で、お互いのコミュ力や、見た目、彼氏の有無や恋愛経験の有無によってカーストが決まってしまうのだそうです。他にも、

「グループ内カーストはなくても、グループ間カーストはある。私達のグループと比べて、あっちのグループのほうが下だね、とか」（Oさん）

コミュ力がある同士、人脈の多い同士で自然と集まり、グループができてくるようです。

「合コンも、だいたい自分と同じレベルの人しか連れて行かないから、洗練されてくる」（Hさん）

彼女達曰く、カースト内で順位が上がったり下がったりすることは、基本的にないそうです。例えば、カーストの下のほうの子で、女子会に参加したいけど、これまで呼ばれなかった子は、コミュニケーション能力が上がって入れるようになる、ということはあまりないのだとか。

空気が読める、読めないなどの「コミュ力」は元から持っているもので、初めにグループができた時点で順位は固定化されてしまうようです。

「でも、カースト下位の可愛くない子でも、下手《したて》に来られると、合コンとか、社交の場に連れて行ってあげたりしちゃう。『人脈増やしたいから、連れて行って！』とお願いされると」（Oさん）

「自分がフォローできる範囲ならね」（Hさん）

彼女達の会話の中でしばしば出てくるのが「フォロー」という言葉。合コンや社交の場、飲み会などで、相手のコミュニケーションを助ける、場が壊れないように取り繕うことを指すようです。コミュニケーション能力の高い人が、低い人を助ける。「フォローできる範囲の相手だったら、付きあってやってもいい」というニュアンスなのでしょうか。コミュ力のあるなしで彼女達の人付きあいの範囲は決まる、ある意味厳しい世界。話を聞いていると、コミュ道場のようなところでコミュ力を磨かないと、とても参加できないような気さえします。

金銭感覚の違いによる序列

また、お金に余裕のあるなしでも、人付きあいは変わってきます。

「奢《おご》りではない、女子だけでの食事会などで使える平均額は「ランチは二千円、高くても三千円。夜は五千円とかかな。美味しいもの食べたいじゃないですか」（Hさん）ですが、「差がある人とは行かない。〟無い〟って言われたら誘えないよね」（Oさん）。

「ファーストフードでも、誘われたら空気を読んで行くけど、内心は〟えっ〟て感じ」（Sさん）

自分と同じ金銭感覚の人と、自然とグループができます。

ブランドによる女子大間カースト

女子大は、共学と違い、学内では出会いがありません。インカレサークル（二つ以上の大学の学生で結成されたサークル）や合コンなど、外の場に出会いを求める必要があります。

大学外における、各大学の女子学生同士で、カーストはあるのでしょうか？

昔からお嬢様女子大として有名な「白百合、聖心、清泉」をスリーSと呼び、女子大内ランクでは最上位です。その下に「七女」と呼ばれる、七大女子大がある。

スリーSは女子大の中では、男女双方から人気があるそうです。

「可愛い子がいっぱいいるんでしょ、みたいな。お嬢様って決めつけられる」（Hさん）

偏差値などは関係なく、単に昔からあるイメージでランク付けされているようです。

「インカレサークルでは、早慶がえらい、みたいな空気があるけど、例えば放送研究会だと、それ以前に、映像編集ができるほうがえらい、機械をいじれる人のほうが良い、みたいな雰囲気がある。おしゃれがどうのより、もう業界に行っちゃう、みたいな、能力が高い人のほうがえらい」(Sさん)

SNSの利用法

彼女達は、どのようにSNSを利用しているのでしょうか。

よく使っているのは、FB、Twitter、LINEです。

高校一年生ぐらいから携帯を持ち始める子が多く、ほとんどが高校時代からSNSを使っていた「SNSネイティブ」です。高校時代に使っていたSNSはTwitterやミクシィ、中学ではプロフを使っていたという子が多い。

プロフ世代は、自分の私生活、行動をすべてアップすることに、あまり抵抗がない世代です。しかし、SNS上でのいじめや個人情報の流出などを日常の中で経験している子もいます。

「高校で一番目立っているグループにいたんですけど、そこが一番かわいくてモテる、と思われていて、ひがんだ人が私達全員の名前をネットの掲示板に書いて」（Hさん）

痛い目にあった経験を経て、SNS上での個人情報の管理に長けてゆくようです。

「Twitterアカウントは鍵をかけるし、個人特定されるような情報は載せない。FBも知らない人からの申請は承認しない」（Hさん）

こうしたSNSリテラシーも、コミュ力のうちです。なぜなら、空気を読めない、あまりITに強くない女子が仲間にいると、流してはいけない合コンの模様などが全部Twitterに流れてしまうからです。

ITに弱く、ITリテラシーが低いとみなされると、コミュ力の格付けとしてはかなり下位になります。

女子大生カーストは就活の「勝ち負け」につながる

女子大生にとっても、重要な就職活動。就職活動に対するモチベーションや意識の差は、カーストと無関係ではありません。企業サイドが求める人材にも「コミュニケーション能力」は必須とされています。

特に三年生の夏ごろになると、将来や就職に対する意識の差が、同じ学部・学科内で顕在化します。

「私の周りの子は事務職でいい、どうせ決まる、みたいなこと言うんですが、いやそうじゃないって。今、早慶の子だって事務職受けてるし、ましてや、話しベタの子が受かるわけない。認識が甘い」（Oさん）

「性格もよくて、顔も可愛い先輩がいて、大手の保険に早くから決まっていたんだけど、そういう人は三年の六、七月にはSPIの参考書を二周したよと言っていた。いいところに決まっている人は、早くから努力している」（Hさん）

実際、大企業にとってはイメージのいい女子大といえど、偏差値やブランドでは早慶MARCHの女子学生に対しては競り負けてしまいます。そこで、彼女達が武器にするのがやはり「コミュ力」なのです。

「就活って結局、顔セレ（顔で選ばれる）じゃないですか!! そこで、普通の子達が頑張ろうと思ったら、意識を変えて、頑張らないとだめじゃないですか。人と違うことやらなきゃ目立たない」（Oさん）

「女子大の中で、なんの取り柄もない子が、就活するとかって言ってると、えー、みたいな。一個でも特化した能力があったらいいけど」（Hさん）

普段は目に見えないけれど、誰もが意識している潜在的なカーストの序列が、四年の夏ごろには、就職活動における勝ち負けという「結果」として、如実に表れてしまう。だからこそ、彼女達は自分のランクを上げるために、学外でせっせと人脈を広げ、活動をし、見た目にも気を使い、コミュ力を上げようと頑張る。そうして、就職に対して意識の高い学生同士でグループを作り、自分磨きに励んでゆく。

就職活動を始める以前からあった「コミュ力」に基づくカーストに加え、就職に対する意識の格差が彼女達のそれまでのカースト意識を補強してゆきます。

「意識低い人と付きあわない。尊敬できるところがないと……」（Oさん）

「知りあいに、めっちゃ美人で、プログラミングもすごくできる子がいて、その子はカーストでも別格。顔だけ良くてもだめですね。能力を磨かないと」（Sさん）

外見も磨いて、コミュニケーション能力も磨いて、外部との接点を持って……と、とても大変そうに見えますが、東大早慶の学生と比べると、「一般的学生」である彼女達にとっては、それらをこなすことは、自信を得るための手段なのかもしれません。

一般的に不況の現在では、大手保険会社や銀行が人気のようですが、彼女達がそうまでして勝ち取りたい「仕事」とは、どのようなものでしょうか。

「私、ママに、子供が小さい時は働いちゃだめよって言われてたんですよ。母親が父の会社の事務をやっていて、そこで遊んでいて、母親がずっと近くにいて、っていう環境だった。でもそれは私の場合は無理じゃないですか。だから福利厚生がよかったり、女性にやさしい会社じゃないと絶対就職できない」（Sさん）

高学歴女子大生はなぜカーストを感じないのか？

別の機会に早稲田大学の女子大生に「カースト」の話を聞きました。すると「今はカーストをあまり感じない」と言います。唯一就活の時に、隣りあった大学生同士で自己紹介をする時、

「早稲田です」

と言うと、向こうは「あ、早稲田なんだ」とちょっとひいていくのが分かるという程度です。学歴が圧倒的なので、無意識のマウンティングをしてしまうのですね。事実は事実なので、仕方がない。

やはり女子大と共学マンモス大学の違いは「均質集団」か「多様性の集団」かにあると思います。

第一章で「カースト」が生まれやすい条件として「均質な狭い集団」をあげました。

例えば女子大と共学では女子の服装が違うのです。

同じ多摩センター沿いの駅にある女子大と中央大学に続けて講義に行ったことがあります。まあ、のどかな郊外の駅なのですが、大学が始まる時間と終わる時間に、突如ファッション誌から抜け出たような可愛いミニスカートの女子が集団で湧いて出るのです。女子大女子のファッションは非常に均質化しています。男性もいないし、場所も青山などの都会ではない。でもそこだけが「ファッション」を競いあい、結果みんな似たような可愛い集団」になっているのです。

同じ沿線でも中央大学の女子は違います。大規模な共学で、男子も一緒。何しろ教室の規模も二百名ぐらいと大きい。非常に女子のファッションにも多様性が生まれます。近年は早稲田、東大などの女子大生もとても可愛くてオシャレ。しかし女子大と違うのは、やっぱり様々なファッションで、均質ではないということです。

多様性のある集団にはカーストが生まれない。これが早稲田の女子大生があまりカーストを気にしない理由ではないでしょうか？

彼女達は大学生としては上位。上位だから感じないということもあります。でも彼女達はカーストに鈍感というわけではない。大学以前の小中高では、スクールカーストを非常に意識していました。

今の女子大生はいじめとスクールカースト経験世代

都内の偏差値の高い女子高出身のKさんは、小学校のころに苛烈なスクールカーストを経験しています。

「スクールカーストだな、とすごく思ったのが、小学校の時。学級崩壊もしていて、クラスのボスみたいな男の子がいて、勉強もスポーツもできて顔もよい、先生もそこに媚びるような、クラスの王様だった。その子がなんでそうなったんだろうと思ったのだけど、実はその子は家庭で浮いていて、その子だけ公立に入れられていたんですよ。お兄ちゃんと妹は私立の小学校に行っていた。お母さんも病弱で、あまり愛を与えられなかったみたい。荒れた男の子だった。その時は王様だったけど、卒業したあとはみんな嫌だったと言っていた」

つまり「悪の種」がスクールカーストを過酷なものにしていたわけですね。

またいじめられる対象は「交代でくるくる回る」のです。

「グループ間の序列を決めるのは、活発かどうか、運動できるか。小学校では勉強は関係なくて、リレーで活躍できるかが大事。あとは口が上手くて相手をよくけなす人とか」

大きな声で話したり笑ったりするのも、上位のそのグループに目をつけられないように気をつける。

「女子の中でグループがあって、メンバーが定期的に入れ替わる。で、あそこ、今一番っぽいみたいな暗黙の了解があって、男子はそこと仲良くする。オタクの子や暗い子にも端のほうに居場所はある。けれど（カースト上位の層が）もめている時は外でおとなしくしていた」

目に見えない息苦しさが常に教室をおおい、大変辛い時期だったと言います。

もう一人の早稲田の女子大生Aさん（女子校出身）は、「カースト内のいじめについては、いじめられる対象が、暗黙の了解としてグループの中で交代する」

という、まるで当番制のようないじめを体験しています。

「いじめは、所属するグループのなかで順番に回る。誰も公言するわけじゃないんだけど、『あ、次あの子だな』って分かるんですよ。机をあけたら画鋲とかあったり。でも誰がやったか分かるから、あまり陰湿ではない……。一人あたり一ケ月くらい。グループに戻れる人と、そのまま離れる人がいる」

しかし二人とも女子高にすすむと、ウソのようにいじめやカーストがなくなりました。

これも皆口をそろえて言うことですが、高校に進学すると、これまでのものさし（スポーツができる、口が上手い）などが効力を失ってゆきます。だいたい同程度の学力を持った子が集まる高校や、勉強の大変な高校に進学した子は、カーストなどを意識する間もなく、勉強や部活で忙しく「いじめているヒマもない」というのです。

「軍隊みたいに勉強させる学校だったんですよ。週に一回漢字や英語の試験などがあった。朝早くから。すごく大変だった。頑張らざるを得なかったし、いじめているヒマとかもなかった」（Kさん）

やはり「カーストはヒマが生む」と言えるかもしれません。

また二人とも女子高だったので、女子高には「モテ」や「女子力」などを基準にしたカーストはなかったと証言します。

「スポーツできる子や、かわいい子、見た目に気を使ってる子はなんとなくクラスの中心になる。オタクの子はそうはならないけれど、だからといって、いじめにはならない。地味だからどう、っていうのはなかった」（Aさん）

もちろん、全く全員がフラットというわけではなく、それぞれお互いのグループを批評しあうような面も持っている。けれど、「心の中では、チャラい子はチャラい子で、あいつらダサい、って思っていて、地味な子は地味な子で、軽くて馬鹿そう、って見下しているんじゃないか。でも、どちらが上かという外部の指標がないから、口には出さない」（Oさん・女子高出身）

彼女が言う「外部からの指標」とは、「男子」の目線ということです。まだ男子目線を入れた格付けがないので、女子高はカーストがないのです。

「公立の高校に進んだ子にはけっこう彼氏がいて、もう彼氏とやっちゃったーみたいな。男の子と付きあい放題とかいう子もいて、そういう人達はどうなってるんだ、みたいな気持ちで見ていた。今思えば全然そんなことはないけれど、当時はすごく大人だと思っていた」（Kさん）

全員が仲がいいわけではないけれど、地味な子は地味なりに生きる場所があり、それぞれの嗜好性ごとに住み分けがなされている。

マンガやアニメのキャラクターを好きになったり、ジャニーズを好きになる子もいます。

もちろん、女子高といえど、外部と全く接点がないわけではありません。塾やアルバイト、友人の紹介などで異性と出会い、彼氏を作る子もいます。しかし、女子高出身者に聞くと、「全体で見るといない子のほうが圧倒的に多い」という意見が多数寄せられました。

「派手な子には彼氏がいました。けれど、ちょっとかわいくても、いない子が多かった」（Sさん・女子高出身）

「私のところもほとんどいなかった。私もいたことがあるんですけど、隠していた。かなり厳しい学校なので、いたら不良扱いでヤバいと思って。クラスに彼氏がいる人は五十人中二人くらいで、勉強して家に帰る、の繰り返し。なんとなく『いたらだめなんだな』という思いがありました」（Kさん）

意外でしたが、彼氏がいる、いない、はKさんの女子高ではむしろマイナスポイント。隠したい指標だったのです。

女子高から共学へ「男子に重いモノをもってもらえない」

さて、ある意味聖域だった女子高から、共学へ。恋愛やモテカーストなど、男子目線のある「世間」に出た女子高生はどんな道をたどるのか？

高校が共学だった子と女子高の子では、その後、大学に進学したあとも、恋愛への積極性に差が出るのでしょうか。

「共学にいった子が、女子高に慣れすぎて、彼氏をどうやって作ればいいのか分からないとか、ノリについていけなくて悩む子とかはいた」（Kさん）

大学では、一年生の七月までに彼氏ができない女子のことを「残飯組」と呼びます。十一月の学園祭までに彼氏ができないと在学中には絶対にできない、という怖い都市伝説もあります。

大学に入ってからの男子の獲得競争で、これまで異性と触れあうきっかけのなかった女子高出身者も、共学出身の女子と競りあうわけですから、両者の間には明確な差がついてしまいます。

「多分小学生の時から競争意識があって、男子は敵、みたいな意識のまま、大学まできているから、男性らしい男性とかは正直苦手。受験と一緒で彼氏と競っちゃうことがあって、別れることも多かった。自分より頭が悪いのはやだ、みたいな。お互いに高めあえられないと嫌だし」（Aさん）

Aさんは、大学のクラブ活動で、椅子や机などを動かす際も、つい「持てるもん！」とガタガタ自分で動かしてしまうのです。

「びっくりしたのは、共学出身の子は『男子持ってー』みたいにうまく男子を使えること。大学に入って、女子高の子は、やっぱり共学の子とは男子との触れあい方が違った。女子高の子はなかなか男子に頼れない」

私も女子高出身者なので、非常に共感できる！

男子への気づかいとか、男子に頼ること、役割分担、男子のプライドを傷つけない心づかいなど、共学出身者が空気のように身につけていることが、女子高出身者にはできないのです。そういう意味では、女子高出身者は恋愛カーストにおいては遅れをとってしまいます。

しかし一方で、女子高出身者でもうまく男子に頼れる女子もいる。その差は、女子高のころから外部との接触があり、ある程度男子とのコミュニケーションができていたかどうか、経験値がものを言います。

「女子高でも、習い事とか、交流があるといいんですけど、ほんとに女子だけで交流がないと、男の子が苦手になっちゃう」（Oさん）

「男子としゃべれることは重要。女子高の中で、ヒエラルキーがそれでさりげなく決まっちゃう気がする。最強なのは、女子高出身で、男の子と話せる子です」（Hさん・女子高出身）

「やっぱり女子高と共学って違うなって思う。女子高出身の子は冗談でディスりあってて、共学出身の子達は共感しあってる感じがする」（Uさん・共学出身）

世間に出たあとの同窓会の息苦しさ

女子高出身者の、大学入学後の高校同窓会は、今まで女子カーストとは無縁だった彼女達にとって、初の試練の場。

大学を卒業するころには個々人で恋愛経験に差ができ、恋愛市場での格付けが明確になってくる。今の女子大生は恋愛に積極的で、経験豊富な層と、全く経験のない層に二極化するので、その差は顕著です。

そうした子達が集まると、女子同士での「マウンティング」つまり、さりげなくどっちが上位かを探り、自分の優位性を見せつける行為が発生することも。

「マウンティングされようとしているな、っていうのは感じることはある（笑）。同窓会に行って、彼氏がいるかとか、今何をしているかをお互い探りあって、値踏みするっていうのは感じる。十人ぐらいいて、一人ずつ話してく、みたいな場がすごく息苦しい」（Kさん）

「持ちもの、バッグのブランドとかをチェックしてくる子はいるかも。けなすわけじゃないけど、あっ、違うんだ、みたいな」（Oさん）

「就職活動で仲良くなった子とその後会いましたが、なんか探りあいみたいな感じで。上辺でなく本音で語れる子は高校三年生の時に仲良かった子くらいかな」（Aさん）

「カーストは息苦しい。ママ友は嫌。もっと生産的なことに人生を使いたい」（Kさん）

小学校からスクールカーストにさらされ、一度は女子高でカーストのない世界を経験した女子高出身者。皆一様に、カースト的なものから抜け出したいと考えているようです。

女子達の分岐点

今後の女子大生達はどんな人生を歩いていくのでしょうか？

次の図は私が独自に大学の講演で集計している、結婚観、仕事観アンケートです。


就活は頑張りたい、仕事はしたいという女子がほとんどです。でもその後の希望はこれだけ違います。

その後の変化をもたらす分岐点が二点あります。まずは「結婚」、そして「出産」です。

東大に行き、外資系企業でバリバリ働いて何千万も稼いでいても「私結婚し

図1　女子大生の理想の結婚

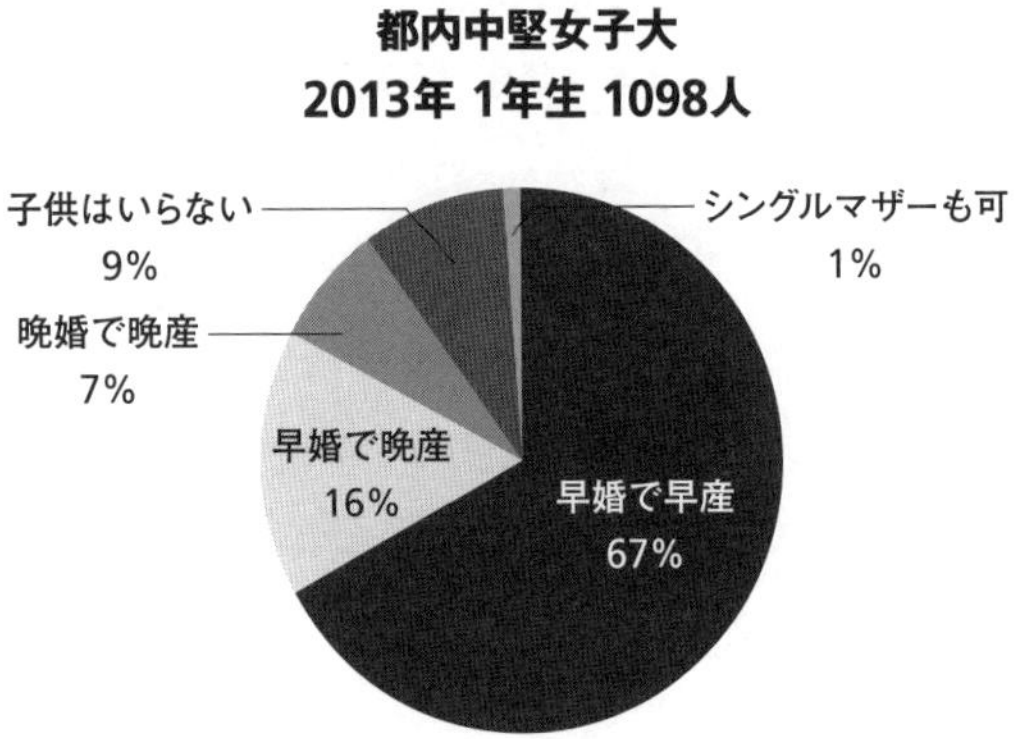

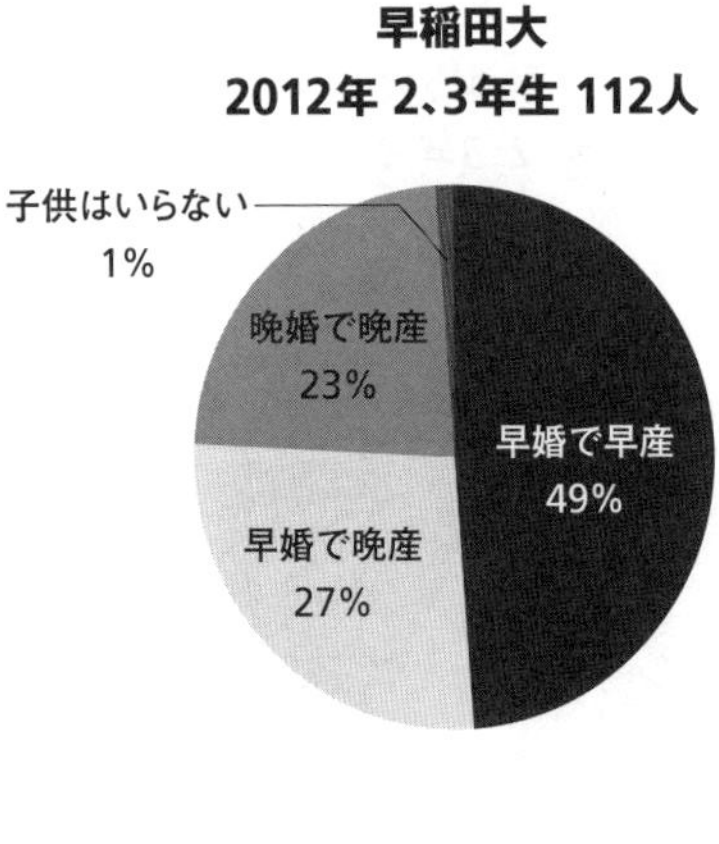

図2　女子大生の理想のライフスタイル

都内中堅女子大
2013年 1年生 1098人

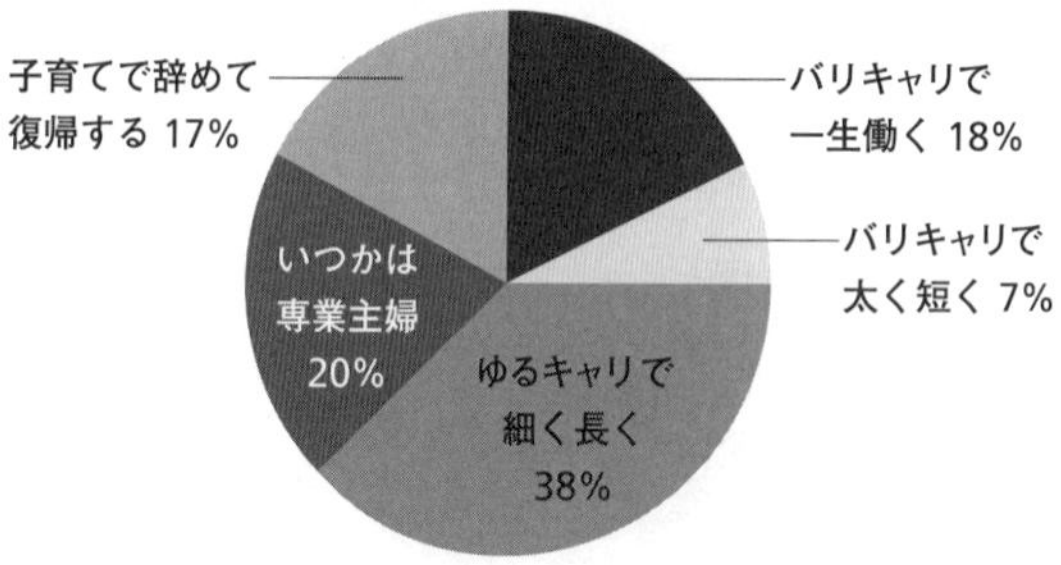

（一度仕事を辞める設定の人は7%＋20%＋17%＝44%）

早稲田大
2012年 2､3年生 112人

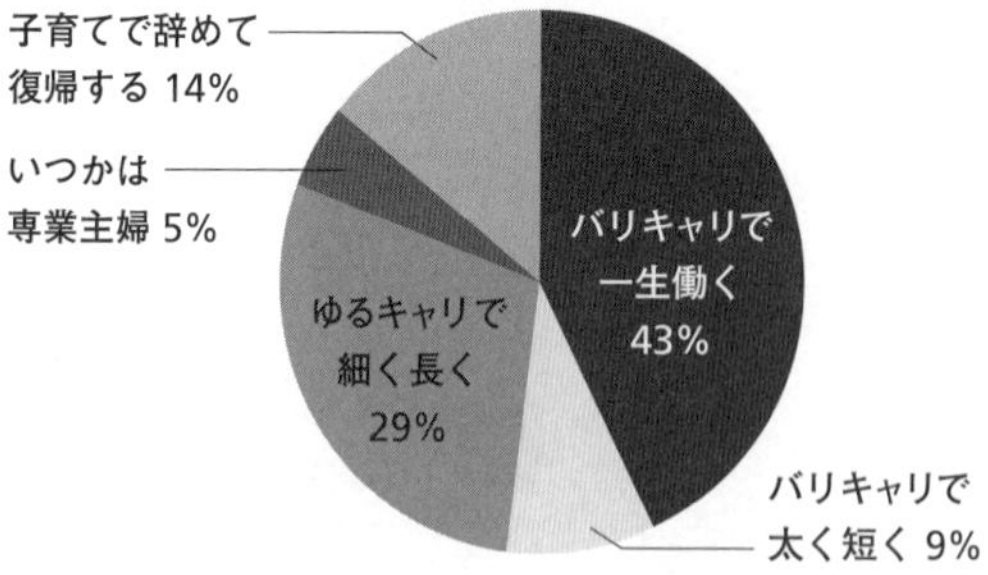

（一度仕事を辞める設定の人は9%＋5%＋14%＝28%）

図3 女子大生の理想の出産後の働き方

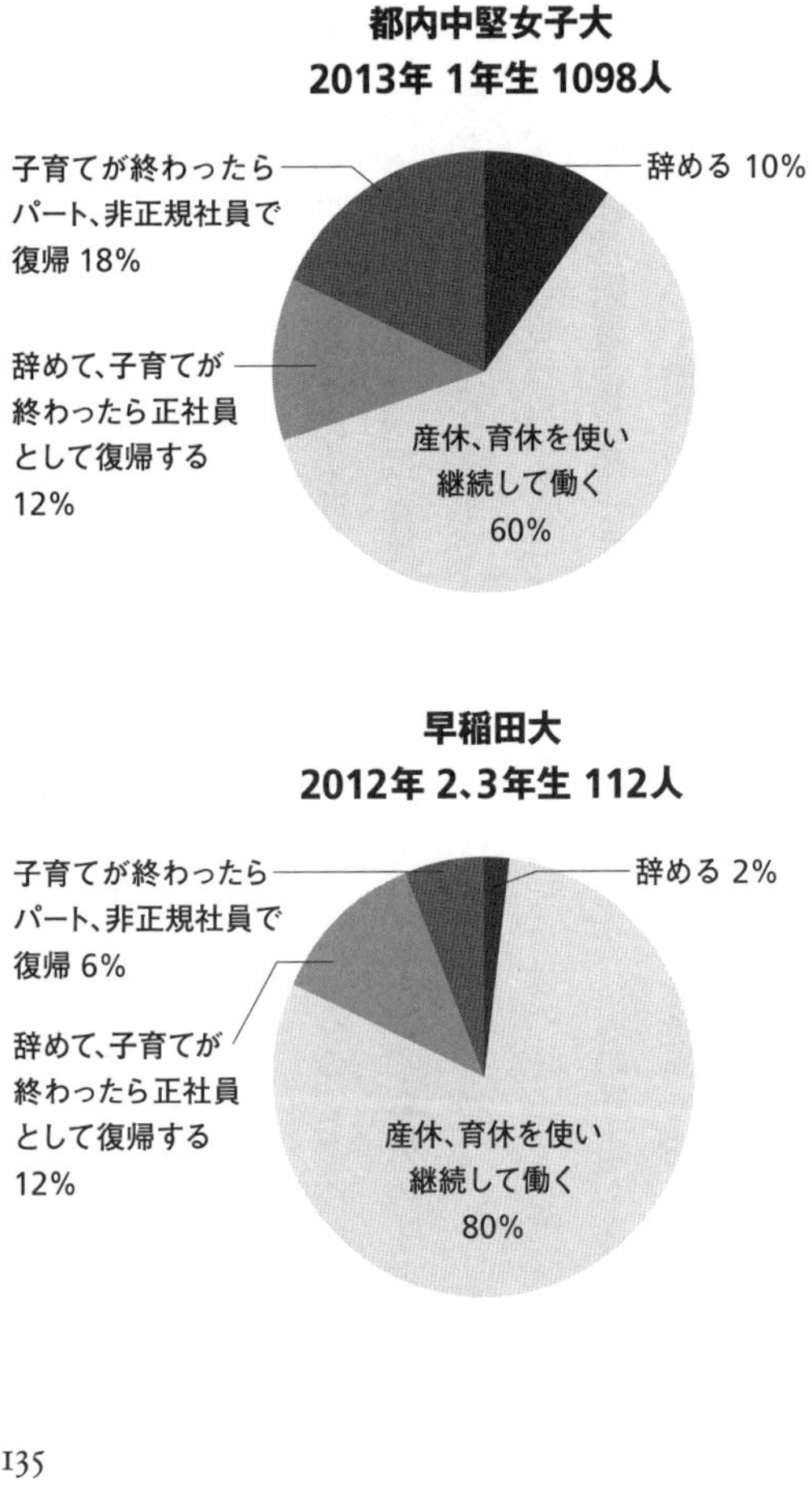
都内中堅女子大
2013年 1年生 1098人
辞める 10%
子育てが終わったら
パート、非正規社員で
復帰 18%
辞めて、子育てが
終わったら正社員
として復帰する
12%
産休、育休を使い
継続して働く
60%
早稲田大
2012年 2、3年生 112人
辞める 2%
子育てが終わったら
パート、非正規社員で
復帰 6%
辞めて、子育てが
終わったら正社員
として復帰する
12%
産休、育休を使い
継続して働く
80%

たの」だけで人生が変わる。そこが男性とは違うところです。

仕事に関して言えば、今女性は子供をあきらめれば、男性とまったく同じように働くことはできます。でも、出産後に男女は仕事の上ではまったく同じではない……と思い知る。

そこで辞めてしまう人もいる。内閣府の調査では、仕事を辞めるのは「育児に専念するため」という理由よりも「会社の雰囲気」によることが多いのです。

大卒女性の場合、仕事を続ける人と一回退職してパートになる人の生涯賃金の差は一億七千万円にもなります。

いくら高収入の夫を見つけても、「夫が年収八百万で妻はパートで百万」だと、夫は富裕層、妻は貧困層になります。そして離婚したり、夫の仕事がなくなったり、夫が病気になって働けなくなったら、一家はすぐに路頭に迷ってしまいます。

つまり女性の人生は分岐点の選択により、非常に振れ幅が大きいのです。

だからこそ、自分の立ち位置や幸福を常に確認したい。自分の選んだ道が間違っていなかったのか、確認したい。そのためには違う道を選んだ人を否定して貶《おとし》めることもある。女子カーストの原点はそんなところにあります。

早稲田の女子学生に聞くと、皆一様に「仕事もしたいけど、結婚もしたい」と言います。アンケートでも、半数以上の女子大生が「早く結婚し、早く出産して、仕事も続けたい」と答えています。

しかしその後、それが実現できるかどうかは、「仕事を続ける」覚悟があるかどうかにかかっています。「理想のライフスタイル」は実は「働く覚悟」を見るアンケートでもあります。

「一生バリキャリ」「細く長くゆるキャリ」は実は、ずっと仕事をするという意識の表れ。「太く短くバリキャリ」は、三十過ぎぐらいにはハードワークを辞めて家庭に入りたい希望を表し、「一度辞めて復帰」や「いつかは専業主婦」と並んで、「養ってくれる人がいる」ことが前提になっています。後者を合計すると女子大で四四%、早稲田で二八%となっています。

やはり早稲田のほうが働く覚悟がある人が多くなっているようです。しかし早稲田でも「ゆるキャリ」志望が二九%いるので、今の女子大生はそれほど「ハードワーク」や「出世」などのキャリアウーマンだけに憧れているわけではありません。むしろ、できる子ほど結婚や子育ても意欲的です。

「結婚したいですね。仕事もバリバリしたいんですけど。でも、結婚したら家庭も大事にしたいので、そこまでキャリアをつまなくてもいいかなと思う」（Aさん）

「子供産んでも、結婚しても仕事はし続けたい。どうしたら生涯現役で働けるのか考える。でも、それを考えたら会社の名前ではなく、自分の名前で働けるようにしないと。だから新しく自分の会社を立ち上げられるくらい力を付けたい。そのために今インターンをして、社内の様子を見ている。新人賞をもらっている人はどう働いているのか？　とか」（Oさん）

「キャリアが一番大事。バリバリ働きたい。あんまり良くないけど、親孝行を考えて、結婚とか考えてる。結婚と、子供を産むことも、親孝行の気持ちが強い。早く結婚して子供を産みたいから、今の彼氏を吟味中（笑）。もしどちらかを選べと言われたら、キャリアを選ぶ。早く子供を産まないと時間がない」（Kさん）

「結婚」「子供」「仕事」、全部のカードを手に入れるのが、カースト上位なのか、それとも……多様性の時代と言われても、女子の「幸せ」は意外と似た形をしている。

でも女子の人生の上がりは何が幸せなのか？　それは最後まで分からない。半径五メートルや、五年後ぐらいでは、決まらないのです。

私の同級生で、クラス一勉強ができた女の子が、結婚で仕事を辞め家庭に入りました。「もったいない」と思う人もいるでしょうが、そういう時代でした。

先日の同窓会で娘が東大に入ると聞き「あんなにできる子が仕事を辞めた結果が、ここにあるんだな、彼女の人生の一つの結果がある」と感慨深く思ったこともありました。

オフィスカースト

『ハケンの品格』は、二〇〇七年に篠原涼子主演で放映されたドラマです。派遣のプロとも言うべき、万能な派遣社員が会社にやってきて……というドラマですが、印象的だったのは、会社の男性社員に比べて、女性社員の多様化です。
ドラマでは、バブル採用の生き残りの正社員一般職、契約社員、派遣社員、そして、キャリアOL、様々な女性社員が同じオフィスで机を隣りあわせ、働き方も実力も様々。正規一般職という存在が、オフィスから消え去ろうとしていることとあわせて印象的でした。

男女雇用機会均等法ができて四半世紀が経ち、当時に比べれば、女性の社会進出が進み、政策の一つにもなっています。

しかし、職場の女性達が手をとりあえるのかといえば、そうでもありません。むしろ今の職場は、正社員、契約社員、パート、派遣など雇用形態だけでも多様な女性達が一つの会社の中にいます。

また正社員でも、総合、一般、地域限定総合職など、コースが違います。さらに、独身か既婚か、既婚子供なしか、既婚子供ありかで働き方やライフコースが違う。

特に二〇〇九年からの「時短制度」はオフィスの光景を変えました。二〇〇九年の法改正で「三歳までの子を養育する労働者について、短時間勤務制度(一日六時間)を設けること」が事業主の義務とされました。

今までは、出産後も正社員として活躍し続けるのは、出産後も残業し、パフォーマンスをおとさないスーパーウーマンだけでした。しかし時短とともに「活躍はできないが、働き続けられるようになった」ワーキングマザーがどんどん出てきたのです。

となると、子供がいる人でも、時短をとる人、時短をとらないけれど定時で残業せずに帰る人、親やベビーシッターに子供を任せ、出産前と全く同じに働く人など……様々な「働き方の違い」が出てきます。

私が新卒で入った住友商事は、九十年代半ばまで女性は結婚したら退職するという不文律がありました。女性のほとんどが一般職で、派遣社員は少ししかいなかった。いろいろな女性社員がいなくて、上司はなんてやりやすかったのだろうと思います。

男性はライフイベントにそれほど左右されず働いているので、上下関係だけ気にしていればいいのですが、女性達の職場環境は複雑な様相となっています。

ワーキングマザーがつくる、新しい働き方

「女の敵は女」とよく言われます。私は女性の「協調性」や「共感力」を信じているので、それを聞くたびに悲しい気持ちになるのですが、そういう話が「男性の口」からではなく「女性の口」から出るのです。

今、社内の女性同士の問題で一番注目されているのは、ワーキングマザーと

いう問題。

「働く母親の味方は働く母親じゃないんです。まだ両立制度もなかったころに、子育てと仕事の両立をやりぬいた人達からは、『今の母親は甘えてる。私達のころはこんな親切な制度なんかなかった』『ロールモデルがないって？　私達のころはそんなものなんかなかったわよ』と言われてしまうんですよ」

そんな愚痴をワーキングマザーからよく聞きます。

働く母親という存在が、量としても職場に目立つようになったのは、ほんのここ数年でしょう。

今、時短で働くワーキングマザーの取材をたくさんしています。

「会社のお荷物」とか、「目いっぱい時短をとって、権利だからと人に仕事を押しつけて、のうのうとしている」とか、結構ひどいことを言われがちな時短ママですが、じっくり話をしてみると、そんなに堂々としている人はいません。肩身の狭い思いをしながら、小さくなって働いています。「堂々と権利だけを主張して……」なんていう人には、私はまだ会ったことがありません。

「時短が終わったらどうするのですか?」と聞くと、

「まだ、社内でそういう人がいないので、未知の世界です」

と言われました（某大手情報会社勤務）。

日本では第一子出生後に仕事を辞める女性は六割と言われていますが、その数字が少しずつ下がってきたのは時短のおかげです。

今までは「保育園に迎えにいってくれる両親などが近くにいない」「長く預かってくれる幼稚園がない」「いきなり一歳の子供を十二時間近く保育園にあずけるなんて……」と働き続けることをあきらめていた人達が、少なくとも時短という選択肢を使って「働き続ける」ことができる。

厚生労働省の調査では、最初の子供を産んだ後仕事を辞めないママは二〇一〇年で四五%に上っています。二〇〇一年は約三割。これは育児休業制度の充実と、少しずつ広がってきた時短という制度が、「子育てと仕事の両立」の支えになっているのだと推測されています
とてもいいことなのですが、その数が会社の予想（オヤジ目線の子供を持っ

た女性がそんなに働けるわけがないという予想）をはずれ、大量に発生しつつある。そこで「時間＝パフォーマンス」という企業は「ママが多すぎて、もうコストを引きうけられない」と悲鳴をあげている、今現在なのです。

もちろんワーキングマザーも大変なら、受け入れる周りもどう扱っていいか分かりません。今までの会社には、そんな人達はいなかったからです。

時短で広がる様々な働き方

日本の企業の働き方は昔は一率でした。

「二十四時間働けますか――」というＣＭが流行ったように、未だに旧来の日本企業では「二十四時間働く、いつでもどこでも転勤可能な社員がいい社員」です。それができない人は「一般職」「限定総合職」と最初から「私はできません」と表明しなくてはいけない。

しかし以前は夜中の十二時まで残業していた女性も母となれば、十六時に帰るわけです。

ワーキングマザーのグループをインタビューすると、勤務時間はバラバラでした。

「私は育休から復帰したばかりで、九時から十六時までの時短にしてもらっています」

「七年目の時短中です。でも時短を申請するのは残業をしないためなので、定時の十七時ぐらいまでは毎日います」

「私は時短をとらず、でも保育園のお迎えがあるので十七時に帰っています」

この複雑さは会社によって制度が違うことにもよります。法律的には子供が三歳までの時短ですが、「小学校入学まで」「小学校三年まで」などという独自の決めごとがあります。そうすると一人目が小学校にあがっても、第二子がいたりすると、「十年間時短で働く」という人も出てくるわけです。

時短が長引くのは「通常設定」が「残業の多い会社」だからです。

「アイデアは夜開く」

という男性上司のせいで、会議はすべて二十時ぐらいの設定という部署もあ

ります。それが、今まで専業主婦に支えられた子育てをしない男性だけで回っ
てきた日本の会社です。

「時短を切る＝残業をする」。しかしまだまだ四歳の子供を保育園に迎えにい
かないといけない。二十二時まで預かってくれる保育園もない。そしてほとん
どのママが「夫は仕事が遅いのであてにしていない」という。

「あなたは、東京出身だからね。親の近くに住んでいてうらやましいと言われ
ました」（マスコミ勤務・四十代）

この話を聞いた時、ワーママ格差を実感しました。子供が病気の時、突然の
残業の時、頼りになるのは義父母や父母。出身地がワーママの格差となるので
す。ピンチの時は高知から飛行機で来てもらうという人もいました。

そして子育ての思想も違います。例えば「夕食」問題。

「夕食は絶対に子供と食べたい。だから残業はせず、でもパフォーマンスは以
前どおり出すようにしています」

と言う人もいます。

働くママは「手作り夕食」や「手作り弁当」をブログにアップする人が多い。「食事はきちんと作っています」という人が尊敬されます。逆にいえば「専業主婦には、一緒にいる時間ではかなわないけれど、愛情は食事でたっぷり注いでいる」というアピールでもあります。

「親やベビーシッターに預けて、残業三昧なんて、私は子育てしていますとは言えないですよね」

と「前の世代」のスーパーワーキングマザーをこっそり批判する人もいます。

また子供が病気で保育園で預かってくれない時の対応については、

「子供が熱を出した時の病児保育代が月五十万を超えるのが悩みです」という人もいれば、

「子供が熱を出した時ぐらいは、そばにいてあげたい」

と休む人もいます。

子育ての思想は、絶対に譲れないことなので、ここにも対立がある。

育休後の社員には図の四つのタイプがあるそうです。

育休後コンサルタント山口理栄さんによる
育休後の四つのタイプ

バリキャリ
万全の保育体制を整え、出産前と変わらず成果を出そうとするタイプ。

意欲＞期待
復職後、希望に反した仕事にかえられ不満、不安を抱えているタイプ。

意欲＜期待
出産をきっかけに仕事をセーブしようと考えるタイプ。

マイペース
仕事の負荷や責任が比較的軽く、意欲もあまり高くないタイプ。

働くママでも、スタイルに差が出る

子供のいない女性社員との軋轢《あつれき》もあります。

「独身組の私達が育休中の彼女の仕事を分担して、忙しくて大変。なのに子供の写メなんか送ってこられるとムカつく」という人の話はよく聞きます。「まあ、いずれ自分の番が来るから」と言うしかないのですが、本当に交代の日が来るのか？　今の未婚率を見ると、ちょっとため息がでます。また、もう産む可能性がない年齢の人にそう言われると、返事に困ります。

「老後を支える次世代を育てているんだから」

そんな風に思って我慢しても、そのうち「うちは子供をグローバルに育てて、将来は海外で働かせたい」などと言い出す人もいるかもしれない……。

でも、時短ママ達のお給料が、働く時間に応じて低くなったり、将来の昇進の可能性が閉ざされたりするかもしれないことは、あまり知られていません。

今こそ、時短についての研修、特に本人と上司への研修をしっかりしたほうがいいと、最近つくづく思います。今、経済産業省の委員会にいるので、提案しようかと思っているぐらいです。

「時短じゃなくても十七時に帰る人と、その人の仕事を分担している私と、お給料に大差ないのはどうしてですか?」

そんな声もあります。

はっきり言いますが、女性同士が対立する必要はありません。

ダメなのはママではなく上司

放置しすぎです。誰も、多分時短ママ本人も、同僚も、「時短ならどういったことが許され、また不利益があるか？」分かっていないし、「フルタイムのワーキングマザーの適正な仕事量」というのも分かっていない。これは声をあげたもの勝ちという状態になっているのだと思います。

誰もがよく分からない……だから、モヤモヤしてしまうし、対立が起きるのです。

子供を持つ女性に、どうやって仕事を割り振ればいいのか？　そして、ワーキングマザーの仕事を分担する人たちに対して、どうやってインセンティブをあげればいいのか？

そこをもっと検証し、上司と本人にきちんと研修をすべきです。

本当に時間が短いだけで、「使えない。ちゃんとした仕事を任せられない」でいいのか？

実は「もっと任せてもらいたい」と思っている人もいる。

また逆もあります。

「時短なのに、前と同じ分量の仕事が来るので、持ち帰って子供が寝たあと三時ぐらいまで仕事をしています」という人もいます。三時に寝ても朝は六時起きです。時短だからお給料は低い。家で仕事をする分はもちろん出ていません。それも将来への投資で終わっていいのか？

今必要なのは「時短の人をどう生産性よく使うか」、そして「時短をとっているママはいつから復帰してどんな風に仕事をしたいか、きちんと上司に伝える」技術です。そして時短ママを支える周囲の人たちみんなが、お給料や、ちょっとしたアワード（外資などでは、営業以外でも貢献のあった人に、ちょっとした表彰などをよく行います）などで酬いることができないのか？

今までおじさんの窓際族の雇用を守ってきた日本企業です。ある時短中の女性は「窓際のおじさんと同じ部署に入れられ、毎日ヒマで辛くて、ついに異動を申し出た」と言います。

まだまだ若い、残り時間がたっぷりあるワーキングマザーを、窓際のおじさんと同じ処遇で、ただいてもらうだけでは大変もったいない。会社にとっても損失ですし、ママたちの働くスキルもくさってしまいます。

今新しい働く文化が生まれようとしています。スーパーウーマンではない、普通の女性が「産んでも働くのが当たり前」という文化です。

今まで「仕事」はすべての免罪符でした。「仕事だから」と言えばすべてが優先されると誰もが信じていた。すでに宗教です。しかしワーキングマザーの大量発生は、会社の中に違う神様を持つ人が現れたぐらいの衝撃だと思います。

そして、これからもワーキングマザーは増えます。なぜなら「両立ができるんだ」と分かれば、それほど高収入の男性を探さなくても結婚できるからです。ワーキングマザーが起こす「働き方革命」が日本の職場を変えていく時だと思っています。

仕事の評価とは違うところにあるオフィスカースト

会社に上下関係があるのは、当たり前のことですが、ここでも「役職」という分かりやすいものさしではかれない、女性特有の「カースト」があります。一般職の女性社員の証言です。

「終身雇用で年功序列なうちの会社の場合、五十代の独身のお局様を頂点としたカーストに女子社員一同苦しめられています。

お局様はとにかく女子社員に厳しく、男子社員には甘い。女子社員は必ず一度はお局様にいじめられています。フロアでのお菓子の配り方など、細かい事をいちいち目ざとくチェックしては、気に入らない事があるとみんなの前で怒るんです。私も新入社員の頃、仕事の進め方についてほんの些細なことをお局様に提案した事があるのですが、気に入らなかったのか、会議室に新入社員一同を集められて、皆の前で怒られました……」

特にたいした仕事をしているわけでもなく、ヒマそうにしているのですが、彼女の一番大事なものは、「部長」。

小さな会社でずっと一緒に仕事をしてきたので、部長にとって一番のお気に入り社員で居続けることが彼女のアイデンティティ。他の女性社員に部長が目移りしないよう、常に見張っているわけです。

女っていくつになっても男の目線を気にしてしまう生き物なんですね。まるで、部長にとっての推しメンはいつまでも私よ！　と言わんばかりに……。

第一章で述べたように、カーストができやすいコミュニティとは、狭くてぬるい、同質な組織。

多くの日本企業のように、年功序列で、純粋な時間あたりの生産性を評価軸とせず、個々人の評価が決まってしまう場においては、上司の好き・嫌いによっても、会社での立ち位置が決定してしまいます。

出世とはまた違う、会社での「居心地」が決定してしまうのです。

昨年、成果主義の外資系ＩＴ企業から、出産を機に年功序列の国内老舗メーカーに転職したＯさんは、その落差に驚いたと言います。

「前職では、売り上げだけが評価を決めるすべて。男性も女性も平等。どれだけ自分が仕事の成果を上げるかが重要だったので、女子社員同士のいじめなどは全くなかった。むしろ、男性同士のポジション争いのほうが激しかったかもしれません。この会社に移ってきて一番驚いたのは、『女だから』が未だに通るところ。女だからお茶汲みして、みたいな事が平気でまかり通っている。社内の評価も、仕事ができる・できないは関係なく、上司に気に入られているかどうか、それがすべてです。評価基準ってないのでしょうか?」（Ｏさん・四十代）

だいたい、そのような組織は風通しが悪く、上の人間に簡単にもの申せない。だからこそ、ひとたび社内での力関係が決まってしまうとそれが絶対化しやすく、抜け出せない傾向にあります。

立場を守るための威嚇行為

「もしくは、もともと仕事ができるわけじゃないのに、部長に気に入られているなどで、大きな顔ができる。仕事ができない人ほど、その人の価値観を押し付けてマウンティングしてくることが多い。仕事もたいして振られてないけど、なぜかずっと居続けることが黙認されてしまうような、会社のエアポケットに入っている人が、わけの分からない権威を見せつけてくる」（Fさん・メーカー勤務・四十代）

彼女達がパワーを持つのに、仕事の出来・不出来は関係ありません。

冒頭の例に出てきたお局様のような女性が、自分の尺度でカーストを作り、他の女性社員にマウンティングするのは、そうでもしなければ自分の社内での立場を守れないから。見えやすいクリアな仕事への評価がないからこその威嚇《いかく》行為なのです。

業務でマウンティングするな！

オフィス・カーストの場合、仕事に直結する、または仕事に支障が出る場合もあるので、誰の得にもなりません。

「例えば、仕事の比重を重くされる、どう考えてもキャパオーバーの仕事を振られるなど、上の立場の女性が自分が上だということを分からせるために、下の女子社員につらく当たるというのを目にしてきた」（Oさん）

カーストを作り出す悪の種は、仕事上での嫌がらせや無視などによって、マウンティングを仕掛けてきます。本来フラットであるべき仕事の人間関係にマイカーストを持ち込むことで、社内の仕事自体を阻害する。

「今の年功序列の会社はベテラン女性が後輩の仕事の邪魔をする。序列の中で、若い子が上がってゆくのを阻む体制が出来上がっている。すごく陰湿です」（Mさん・三十代）

「うちは女性が多い会社だからこそ、みんな女性が仕事上でしてきた苦労を知っている。けれど、後輩が仕事で困っていても、上の人が助けようとしない。

心身を壊して休職する人も多いけど、誰も声をかけようとしない。会社全体の損失になっている」（Uさん・三十代）

一人の悪の種が作り出したカーストが、ソフト・パワハラの域にまで到達してしまうこともあるのです。

男性社員のヒエラルキーとはどう違う？

男性社員のヒエラルキーは、昇格・昇進など社内での人事でできています。上司を立てる・立てない、会議での根回し、飲み会でのヨイショなど、至るところで地位と権力争いを繰り広げ、ライバルとの差に一喜一憂する。

自分の実力を見せつけるマウンティングも、仕事の上で、上下関係をつけたいから。マウンティングの目的は、ひたすら「順位争い」で、幸せ競争ではありません。

「以前いた成果主義の会社では、女性同士の陰湿ないじめはない代わりに、むしろ男同士の喧嘩やいじめのほうが目についた。女に対しても、自分の実力を見せつけたいがために『Tさん、お前に文句言ってたぞ。俺がフォローしてやったから』とかわざわざ言ってくる。男のほうがオバさん化してる」（Nさん・証券会社勤務・四十代）

職場で何を重視しているかについて、男女の差を、生物学博士であり、恋愛コンサルタントとして著名なぐっどうぃる博士に取材したことがあります。

「男性はオーダー、つまり秩序、順位を重んじます。より優れた男性がいると自分は女性から選ばれないし、誰が一番か、二番かを常に気にしている。『あなたは私よりも優れている』と言われると安心なんです。

部下が『あなたは私のリーダーで、私はあなたに忠誠を誓います』と言うことで上司は安心して動くことができるんです。

しかし女性は違う。女性上司にはゴマすりはあまり通用しません。男性は一人のリーダーがチームをひっぱるのですが、女性の場合はコミュニティ、協業を重視します。一緒に木の実をとり、子供を育て、協力しあわないと生きていけない。会話を重ねて『あなたはこの役割ね』と分担を決めていく」（「プレジ

デント」／二〇一三年九月二日号）

男性は順位重視、女性はコミュニティ重視。

だからこそ、男性に比べて、女性が作りだす女子カーストは、「何が基準だかよく分からない。どうしてこの人が偉そうなのか分からない」とモヤモヤしてしまうことが多いのでしょう。

コミュニティだからこそ、職場の女子カーストは「協業」のためのクラブ。基本的には好き・嫌いや嫉妬などの感情に基づく場合が多い。もちろん女性同士でも昇進争いはありますが、それだけが目的ではありません。

むしろ女性は、ちょっとだけの昇給と引き換えに、余計な責任を背負う昇進より、責任のない立場で、下の子の仕事に口を出したり、仕事を押し付けたりしているほうが気楽という人もいます。

従来の上下関係に「男性からの目線」が絡む

女性のオフィスカーストをさらに複雑にするのは、同じ会社の男性社員の序列に微妙に絡みあい、社内の男性同士の人間関係や上下関係に付随する形で女子のカーストも作られてゆく、という点です。

上司はたいていの場合、まだまだ男性です。

数字のようなクリアな評価軸がない会社は、自分を評価する立場の男性からの目線を気にせざるを得なくなる。

冒頭の例でいうと、この「悪の種」の女性は、男性部長のお気に入りというポジションを崩したくないがために、若い女子社員をいじめている。

一人でも男性の視線を過度に意識し、自分の縄張りを守ろうとする女性がいると、カーストが生まれて、仕事へのモチベーションにも悪影響があります。

「例えばAさんは部長のお気に入りだから、同じ部署の中でも立場が上のように扱われている。実際はBさんのほうが仕事ができるのに……。なぜかAさんのほうが仕事で失敗しても上司から文句を言われなかったりする。納得できない。仕事が憂鬱になります」（Mさん）

逆に言えば、男性受けがよければ社内での地位が安泰、という状況が未だに蔓延していることも、女性社員同士の関係をより複雑化させる一因。

「全く仕事ができないのに、お酌をするのが上手だからという理由で会社に残り続けている女性がいる。彼女は男性上司のお気に入りです」（Ｆさん）

中小企業などの場合、社長の奥さんが仕事の経験もないのに、役員として権力をふるうなどの理不尽がまかり通ることもあります。これもストレスフルな状況です。

女性は「不公平」に敏感です。フェアという言葉がとても好きです。男性上司が女性部下とうまくやるコツは「不公平」を感じさせないこと。男性サイドも女性と働く時に、一切の「不公平感」を排除したほうがいいのです。

女性の間に妙なカーストができていると、仕事に支障をきたすので、上司は敏感になってもらいたいものですね。

美人が出世すると必ず出る陰口は？

Ｆさんは一児の母ながら、仕事をバリバリとこなし同期の女性の間ではいち早く出世しました。しかし、

「職場を仕切っている年配の女性に、〝美人だから得している〟とか〝上司に好かれているから〟などと陰口を叩かれた。出世したり、社内の地位が上がっても、自分の実力ではないかのように言われてしまうのも女性だけ」（Ｆさん）

女性が出世したとしても、仕事を評価されたのか、女性として評価されたのか、本人にも周囲にも分かりません。そのことが真っ当に仕事をして評価を得ようとする女性社員の士気を削いでしまうことも。

「今の会社は、男性上司がつけてくれる評価がすべて。しかも、仕事の評価ではなく、女としての評価だったりする。それが悔しいし難しい」（Ｍさん）

社員としての評価に、女性としての評価が微妙に絡んでくるからこそ、それを元にやっかみや嫉妬が生まれる。

働く女性は、男性の上下関係に付随した、更に難しい人間関係に属している

と言えます。

働く女性は二重の土俵に乗せられている

男性にだって派閥や出世争いなどの醜い争いがありますが、相手と闘う土俵は「仕事」がすべて。けれど女性の場合は、仕事の土俵の外側に、「女の幸せ」の土俵がある。より大きな土俵の中に仕事という土俵が収まっているわけです。仕事の土俵で勝っても、もっと大きな枠、すべてをひっくるめた、女の幸せの土俵で最終的に勝てなければ幸せではない、という視点があることも事実。

女性は他人の幸福に嫉妬し、男性は他人の成功に嫉妬するといいますが、仕事で成功したからといって、羨ましがられるわけではない。「女としての幸せ」を基準にジャッジされてしまうのです。

さらに、仕事の土俵での勝ち負けは、会社での評価で判定されますが、「女の幸せ」の判定は、とても主観的なものに左右されます。

ママ同士、女子大生同士のように同じ立場の人間が集っているわけではなく、様々な立場の人間が集っているのが会社。その場合、ママカーストのように、旦那の年収や、子供が居るかどうかなど、明確な価値基準があるわけではありません。

「仕事は平等なはずなのに、あの子は女の性を使っているからずるい、とケチを付けられることもあるし、黙々と仕事をこなしていても、見た目や配偶者の有無などの評価からのがれられない。仕事はできても、女としての幸せは手に入れてないと言われる。私が結婚するとしたら、仕事があるから養ってもらうためじゃない。たぶん『結婚できない、かわいそうな人』と言われないようにするんじゃないかな」（Bさん・四十代）

どのように働いていても、「結婚」「子供」というアイテムの有無をジャッジされてしまう。仕事とプライベート、そのダブルスタンダードに苛《さいな》まれているのが、女性です。それも、外からそのように言われるだけでなく、自分でも「思い込まされている」のです。

日本家族社会学会で、ヨーロッパの女性研究者が、こんな発表をしました。結婚情報サービスのデータを用い、年収の高い女性だけをピックアップして、彼女達がどれだけ「お見合いを申し込まれるか」を検証しました。つまり「高所得女性はモテるか？」という研究です。

誰もが知りたいところです。結論としては、女性が高所得であることは「お見合い」の世界では必ずしも「たくさんお見合いを申し込まれる」という要素にはならなかったのですが、こんな発言がありました。

「私がビックリしたのは、彼女達の自己PR文です。『仕事中心に見えますが、結婚したら家庭中心の生活がしたい』『バリバリ仕事をしているように見えますが、本当は家庭的です』と、ほとんどの人が書いている。なぜ日本の女性は自分が仕事ができることを恥ずかしいと思うのか？」

もちろん、自己PRですから、本音は分かりません。でもそういう風に言わせる文化があることも事実。そして「バリキャリ女性でも、本当は仕事に疲れて、もう家庭に入りたい」と婚活している人がいることも事実です。ひょっとしたら、結婚相談所のアドバイザーが「バリキャリっぽいと男性はひるむから、家庭的だとアピールしなさい」と言っているかもしれませんね。

女性の社会進出、女性の役職者をもっと……そんな風にいくら言われても、今一つ女性達本人がその気にならないのは、このダブルスタンダードのせい。

女性自身が、「出世」と「女性としての男性からの評価」が対立するものだと思っているからです。

カーストに苦しむのは、女性自身に罪がある!?

女性自身が自分達を「女の幸せ」で計っているのに、同じ基準で男にジャッジされると「余計なお世話」と思ってしまう。

「男性からは若さや美しさだけで評価されたくない」と望んでいるにもかかわらず、本人達は同性を全然フラットな目で見られない。とてもアンビバレントです。

女性の生存戦略には「仕事」と「結婚」があると言われています。しかしどちらの戦略も、もう絶対ではありません。結婚して相手に依存することも、会社に依存することもリスクが大きい。これからは、結婚も会社で仕事をすることも「人と協力してリスクを減らす」ための手段だと思います。

しかし「いい会社の社員と結婚すれば一生安泰」とか、「いい会社に入ればば大丈夫」と信じられていた「昭和的」な価値観を断ち切ることができず、さらに下の世代にも押し付けてしまっている。

女性達の間で、女性の苦しみが再生産されているとも言えないでしょうか。

第3章

今の日本は多様性社会への過渡期

人を許せない国

「女同士が格付けしあう」「女子カースト」を取材しながら、「日本って本当に人は人、自分は自分が許されない国なんだなー」と思いました。「スクールカースト」「ママカースト」のように、一つの集団内での格付けが取りざたされるようになったのは近年のことです。

なぜ、最近になって「カースト」という言葉が流布し、クローズアップされ始めたのでしょうか。

それは裏を返せば、日本の社会が、画一的な価値観によって縛られていた状態から、多様性のある社会に移行しつつある証拠とも言えます。

戦前の日本には厳然と「階級」がありました。戦前の文学、太宰治や森鷗外などを読んでも、結構露骨な階級意識が出ています。それはタブーではなかったということです。

でも戦後になり、一億総中流がうたわれ、日本では階級を語ることはタブーとなり、階級は見えなくなりました。中流層が厚い社会ができたのです。

しかし今は格差社会です。格差社会とは、各階層の固定化がすすみ、階層間の行き来ができないことです。海外に比べたら、まだみんな携帯電話を持ち、ミニバンを持っている日本は、それほど格差社会とは思いませんが、すでに七人に一人の子供が「貧困」という状態です。

多分これからもっと差が大きくなる。そしてその差は乗り越えられず固定化していく。そんな不安が、人と自分が違うことをよりナーバスにとらえさせるのだと思います。

女性に関して言えば、長らく女性の格差をもたらすものは「どんな人と結婚するか？」でした。そしてお金持ちの奥様になろうが、小さな商売をする家に嫁ごうが、「嫁」として夫や夫の家族に仕える、言いたいことが言えない、自由にふるまえない女性としてのルサンチマンは共通でした。

戦後、核家族が増え、女性は「家」から自由になったように見えますが、相変わらず「夫に養ってもらう」「依存して生きる」という意味では同じだった。そして家庭も似たようなサラリーマン家庭でした。いい学校に行き、いい会社に入れば安泰。そしてそんな夫を見つければ一生安泰。息苦しいと思いながらも、結局その価値観から抜け出すことは難しかった。

でも一九九七年は「昭和結婚型女の幸せ崩壊」元年だと思います。

それまでは野村証券の人と結婚しても、山一証券の人と結婚しても、それほど大差はなかった。しかし、ここで「こんな大きな会社の人と結婚しても、こんなことがあるんだ」と目が覚めたのです。

もちろん、気づいた人も気づかない人もいます。

「ゼクシィ」（リクルート）の伊藤綾編集長と私は同じ年に結婚していて、それが九七年。対談した時、「あの時に女の普通の幸せも崩れましたよね」と同じことを思っていたことが分かりました。

現在の日本は、自由です。結婚しない自由、産まない自由、女性の生き方にも、いろいろな選択肢があると言われています。しかし、その選択をうまく選ぶことをまったく教わってこなかった。そして自由であることのリスクも教わってこなかった。選択肢が増えるほど、実は望ましい選択肢は手に入れにくくなるという法則があるのです。

いい例が結婚です。親が決めるわけでもない、自由な恋愛で相手を選んでいいんだよと言われた途端、みんな結婚できなくなりました。

多様化と言いつつ、昭和の時代に親が幸せと定めた価値観に縛られている。現代は実は「普通の幸せ」＝「昭和的な幸せ」を望んでも手に入りにくい時代です。

多様化の作法

結局のところ、生き方は分かれていきます。職場から撤退しない女性が増え、「夫」以外の、自分で稼ぐ女性の中にも格差がでてきた。

本人達が望まなくても、多様化は進む。「多様化の作法」を身につけないうちに、どんどんその波にのまれていく。

だからこそ、隣が気になる。小さな差異を気にする。

選択肢や自由とは使いこなすのに、スキルがいるのです。

そのスキルの一つが多様性の中でうまくやる「作法」です。

それを身につけた方が生きやすい。

今はみんなが自由の荒野で迷子になっているからこそ、どちらが幸せかを見せつける「幸せマウンティング」が起きてしまうのです。

対立はそこかしこに起き、息苦しさを増産します。

しかし、これからどんどん外国人が日本に入ってきて、多様化が進めば、日本人同士の生き方の差なんて本当に微々たるもの。元からそう格差のない人達がちまちまと格付けしあうようなことは、きっと終わってしまうに違いありません。

ママカーストなどは、とても小さな差異を階層に仕立てて争っている、ミニマルな世界。そんな対立が維持されていても、誰にもメリットはありません。遅かれ早かれ、そのことに女性達は気づきはじめるはずです。

すでに多様性は始まっている

なぜＡＫＢはあんなに人数が多いのか？　姉妹グループも入れると二百人ぐらいはいるはずです。そう、趣味嗜好の世界はとっくに多様化の時代を迎え、二百通りの男性の好みに対応しています。むかしのように、聖子ちゃん派と明菜ちゃん派の二人でいいという時代ではないのです。

女性誌の世界もそうです。かつては、女性誌には王道がありました。「Seventeen」（集英社）などのティーン誌から大学生のための「ＪＪ」（光文社）そしてＯＬになったら「Ｏｇｇ・ｉ」（小学館）、奥さんになったら「ＶＥＲＹ」、40代のための「STORY」（光文社）、最後は「婦人公論」（中央公論新社）にいきつくまで、女性たちは同じ年齢に同じ雑誌を読み、同じファッションやライフスタイルを志向しました。結婚適齢期がなくなり、結婚年齢にバラつきがでても、遅かれ早かれ同じ道をたどり、最後は「婦人公論」で専業主婦の憂鬱、嫁姑問題などの記事を読んで共感したり憂さをはらしたりという一本のベルトコンベアがあったのです。

しかし、それが九十年代ぐらいから崩れてきました。いずれ全員が結婚して家に入るわけではない。いずれ全員が子供を持つわけではない。九十年生まれの女性の生涯未婚予測は五人に一人、子供を持たない女性も三人に一人と予測されています。

八十年代のキャンパスライフでは女子大生全員が「ＪＪ」を読んでいましたが、いまや全員が一つの雑誌のライフスタイルに躍らされることなどありえない。全員がついてきてくれたのはバブル世代が最後で、団塊ジュニア世代からは笛吹けど躍らず……です。

雑誌は読者のニーズを捉え、多様な読者層を捉えるニッチな方向に走り、女性誌は百花繚乱の時代となります。付録以外の誘因で、化け物のように売れるかつての「ＪＪ」や「CanCam」のような女性誌はもう出ないでしょう。

しかしこれだけ趣味嗜好の多様化が始まって久しいのに、人生の根幹に関わること、例えば結婚や出産、子育て、仕事については、まだ驚くほど保守的で、逆に同調圧力が強まっているような気がします。

安藤美姫さんがシングルマザーになったとき、某週刊誌がその是非を問うアンケートを仕掛けました。先進国ではすでに四割から五割以上の「結婚しないで子供を産むライフスタイル」が、まだまだ日本では「べきかべきでないか」という議論にさらされます。結婚や子供の持ち方、出産にまで「こうあるべき」を求める見えない圧力があります。

でもこれが男性のスケーターのできちゃった婚だったら、家庭をもって一人前、あっぱれ。「これで落ち着いてスポーツに専念できる」くらいのことは言われたでしょう。

また安藤さんに対して「ライバルがプライベートを我慢して切磋琢磨しているのにけしからん」「応援している人に申し訳ないと思わないのか」という声もありました。つまり「仕事が第一優先」という昭和的価値観です。しかも仕事はお金もうけのためではない崇高なものでなくてはいけません。ホリエモンは拝金主義と批判され表舞台から強制退場となりました。

未だに日本人は「昭和の標準家族」からはみ出したやり方で子どもをもった

り、「仕事は崇高なもの」という価値観に逆らう人にたいして、多様性をもって受け入れたりはしない。批判してつぶそうとする。そのときに、基準とされるのは、宗教的な価値観でもなんでもなく、「だって……そうですよね？」という右見て左見ての空気……この空気が生きづらさをつくるのです。

しかし、否応なしに日本人も変わっていく。もう右も左も同じではいられない。多様性の中で、順応していかないと苦しさが増すばかりです。

女子のカーストをサバイバルするための三つの技術

具体的に、「女子カースト」から抜け出すにはどうしたらいいのでしょうか。私は次の三つを女性が身につけるべきだと考えています。

1、複数の足場を持つこと
2、問題解決能力を持つこと
3、自分を肯定すること

1――複数の足場を持つこと

会社やママコミュニティなど、一つの集団の人間関係に苦しめられないためにはどうすればいいのか。

「私、今は三つのママの顔がある。言いかえれば三ケ所のママカーストを行き来しているんです」

というのは広告代理店勤務のＴさん（三十代）。二十代に第一子、昨年二人目を出産し、時短は申請していないが、気合いと根性で「夕食は子供と」を実践するバリキャリママ。仕事は土日に詰め込むか、早朝出社か、平日どうしても残業する時はファミリーサポートを頼む。

三つのママカーストの場所とは？　まず会社でのバリキャリワーキングマザーとしての顔。保育園の仲間も夫婦ともに正社員で共働きが多い。世帯年収は普通のサラリーマンの二倍です。

「ランチも三千円は普通だし、たまにママだけでご飯となると、イタリアンなんかで一番高いコースにワイン。躊躇《ちゅうちょ》せずにお金を使えることがストレス解消だし、欲しいものを全部買いたいという欲望の強さが原動力です」

バリキャリママ仲間はみな、自分の旦那のことを「夫」と呼ぶ。

しかし週一通うフラダンスの仲間は違う。

夫を「主人」と呼ぶ、小さな子供を抱えた専業主婦集団です。

「仕事をするママ達は即決即断、時短が命。決断は五秒でする。フラ仲間は待ちあわせ一つ決めるにも、大変なんです。決定する人、リーダーシップをとる人がいない。自分で決定しない人生を送ってきた人達は、決定することも断ることもできないんですよ。だから弱いところを嗅ぎつけてくる、ヘンなボスが来たら、大変ですよー」

つまりヒマがあって、誰も決定できない弱い集団に、支配するボスが来ると、断れない人達にとっては辛いママカーストが発生するわけです。

「フラ仲間にうっかり、『子供のバレエは一ケ月一万円で安いよね』と言ったら、すごくびっくりされてしまった」

そしてもう一つの世界が「セレブママ」の世界です。子供がバレエを習っているバレエ団は都内の有名どころで、正真正銘のセレブなママ達が集う世界です。いかに高収入のダブルインカム夫婦とはいえ、そのママ達の醸し出す、本物の余裕にはかないません。ハーフの子供も多いし、送り迎えは外国人のベビーシッター、八割のママが裕福な専業主婦です。

「バレエの発表会でソリストとして躍ると、何十万円もかかる。お金も出すし、発表会、リハーサルと先生について、ずっと尽くしています。そこの子供がたくさん通っているセレブ幼稚園がまたすごい世界。朝から巻き髪、ベンツでお迎えという絵にかいたようなママが多くて、毎週バザーがある。バザーで出すコサージュを作るために一日何十回もメールが飛び交う。一日中、そのことばかり考えているんでしょうね」

一度、お嬢様がそのままお母さんになったようなママに真顔で「なんで働かなくちゃいけないの？」と聞かれたそうです。

相手の目にはかけらも悪意はない。心底不思議なのでしょう。「趣味です」と笑って答えたとTさんは言います。

その三つの世界をどれも笑顔で行き来する。不愉快なことがあっても、別にその世界だけがすべてじゃないので、軽く受け流せる。

「やっぱり気があうのは働くママ。決断が早いし、自分が呼ばれないランチなんか、忙しいから気にしない」

下町のフラダンス教室、バリキャリママ、セレブママ、三つのママカーストでは、自分の地位も上がったり、下がったりします。セレブママの中では、あくせく働いている大変な方と思われているのかもしれません。

それぞれのカーストで「順位が違う」とTさんは言いますが、一つの世界の格付けには囚われないし、人間関係に振り回されることもありません。

「格付けがあることを客観視し、うまく切り抜けている」女性です。

彼女は非常に上手くやっている例ですが、このように、複数の足場を持ち、上手くガス抜きしつつサバイバルしている女性も多いのです。

カーストは重荷ではありますが、人間はどこかに所属していないと生きてゆけないもの。保育園、会社など、所属しているコミュニティから逃れられないとしても、所属を一つだけにしてしまうと、そこで辛いことがあった時、自分で自分を追い込んでしまいます。

これまで出した例でも、嵐のファンの顔を持つお母さんや、ネット上でキャラ弁をブログにアップしてファンを得ているお母さんなど、一つのコミュニティに囚われない。そして自分が「心地良い」と思うコミュニティを持っている人は強い。

複数の足場を持つことは、特に「子供が人質で逃れられない」ママカーストには特効薬なのです。

2—問題解決能力を持つこと

例えば、何かの問題が起きた時、あなたはそれをどうしますか？　人のせいにしますか？　あきらめますか？

多様性の時代を生きるのに、必要なのは「問題解決能力」です。問題解決能力は人生の質を決めます。

それがないと、受身の人生になります。今自分が持っているものだけで人生と対峙しなくてはならなくなります。

問題があって、なんとかしなくてはいけない。でも、効果的に目的にたどりつく手段が見つからないから、あきらめる。

人のやることに批判はするけれど、率先して何かをやろうとはしない。

誰かの顔が思い浮かびませんか？　そして自分もひょっとしたら……。

待ちあわせ場所が決められないお稽古仲間、一日中バザーで作るコサージュのことでメールをやりとりしているセレブママ……効率的に、短時間で問題解決できたら、一日を費やす必要もないのです。

他のもっと生産的なことに時間が使えます。

私が主宰する「女子の働き方研究会」にゲストで来て下さった静岡大学の国保祥子先生が「問題解決能力」について教えてくれました。分かりやすいテキストとして紹介してくれたのが『世界一やさしい問題解決の授業』（渡辺健介／ダイヤモンド社）という本です。

実は子供向けですが、これがとても分かりやすい。

問題解決できない子供の例を見ていると、

「私なんてどうせダメよ」（すぐあきらめる）

「どうせ何をしたってムダよ」（状況は変えられないものだと思っている）

「失敗したらはずかしいからやめておこう」（人の目ばかり気にして、失敗を恐れて行動できない）

「××が悪い」「どうせだれも私のことなんて、理解してくれない」（他人や社会のせいにする）

この「どうせどうせ子」ちゃんは、カーストに悩む女子達そのものかもしれません。

他にも問題を理解しているけれど、リスクをとらず行動せず、文句ばかり言う「評論家」くん、行動あるのみでムダが多い「気合いでゴー」くんなど、問題児の例があがっています。

問題解決能力がつくと、適度に考えて行動して、方向修正して、の繰り返しで、最短距離でゴールにたどりつく「問題解決キッズ」になれます。
「問題解決とは」「①現状の理解」「②原因の特定」「③打ち手の決定」「④実行」のプロセスです。

例題として出ているのは「コショウ」。
問題「一振りで出るコショウの量が少ない」。
あるべき姿「もっと多く出てほしい」。
この解決策として何があるでしょうか？
A、何回も振る（これだと、非効率的です）
B、メーカーが悪いと文句を言う（現状は変わりません）

この本の中では、まず「分解の木」を作ります。
コショウを一振りでたくさん出したい。
A、コショウが出る面の表面積を多くする。

B、表面積あたりのコショウが出る量を増やす。
B1、穴の数を増やす。

B2、一穴あたりのコショウが出る量を増やす。

B2の①、穴のサイズを大きくする。

B2の②、コショウのサイズを小さくする。


こんな風に思考のツリーを作れば、意外なアイデアも出てきます。

コショウの話はおもしろいのですが、このあたりで。

皆さんが知りたいのは、コショウではなく人間関係での問題解決ですから。

例えば、カーストから抜け出したい場合、まず変えられること、変えられないことを分析します。

子供の幼稚園ママカーストでの人間関係が苦しい。けれど、幼稚園を変わると、子供の友達がいなくなってかわいそう……。

その場合、子供の快適な環境を取るか、自分の快適な環境を取るか。

「子供のために犠牲になる。だって、幼稚園は変えられない」と思う人が多いでしょう。でも、それは本当でしょうか？　常識を疑ってみることも必要です。子供は子供なりに、違う環境でもうまくやれるかもしれません。

いじめの場合、専門家は「学校を離れることもあり」と断言しています。

まず「子供の幼稚園を替わったら」「替わらなかったら」と仮説をたててみます。そして「やっぱり、せっかく入った幼稚園を替わることはできない」となったら、次に「何が問題なのか？」をはっきりさせます。

「ママカーストがイヤ。息苦しい」のは、何が原因なのか？　もっと細かく分解してみます。

ひょっとしたら「RちゃんママのIさんがきらい」なだけかもしれません。または「バレエ教室に子供を送った後、ママ同士お茶をする時の時間が耐えられない」ということかもしれません。

後者なら、お茶の時間を三回に一回、二回に一回、減らしたら、どんな影響がでるか？

こうして分解して「何が問題なのか?」「何が原因なのか?」「どう解決するか」と考えていくと、思わぬ解決策があったりします。

「なんだ。お茶の時間がイヤなだけだったんだ。これからは用事をいれて二回に一回は断ろう」という結論が出るかもしれません。

でも人間関係の問題の場合、気をつけないといけないことがあります。それは「人を変えることはできない」ということです。

動かせるところ、動かせないところは、はっきり分けなければいけません。自分で動かせる部分は動かし、動かせない部分は自分が変わるしかないのです。

「××さんさえいなくなれば」「この集団が変われば」と考えてしまいがちですが、それは自分では動かせない部分です。いつまでも解決しません。自分がどうするか?　です。

その集団を選んだのは自分。たまたま運が悪く、嫌な人間関係に当たってしまった。でも、たいていの集団は取り替えがきいたり、物理的に、または心理的に距離をとることができるものです。

ママ友から離れたい時、自分が習い事やパートをはじめて、物理的に一緒にいる時間を減らすという手もあります。最初はお試しでもいいんです。「実家の用事でしばらく忙しい」とか「二週間だけ、友達の手伝いに行く」とか、口実はいくらでもあります。ちょっと離れてみたら、「ぜったいに無理」と思っていたことも、実は「何でもなかったんだ」ということもあるんです。

例えばスクールカーストでいじめなどに苦しんでいる人に関しては、いじめの専門家は「そこから逃げろ」と言います。大人もそれと同じで、本当に嫌だったら、逃げれば解決するわけです。そこを、あまりにも動かせないものだと考えないほうがいい。

私は働き方や就職活動についても取材をすることが多いのですが、最近よく聞く「ブラック企業」問題と同じ構造です。ブラック企業で、うつになるよりは「逃げろ」と専門家はアドバイスしています。

ブラック企業で心を病んでしまう人は、会社についていけない自分を「だめだ」と責めてしまうから、苦しむ。というよりも、本当のブラック企業は「本人がだめだと思って辞めていくように故意に陥れる」ノウハウがあるのです。

端から見ていれば「どう見ても会社がおかしい」場合でも、本人はその集団についていくことを至上の命題にしてしまうので、客観的に状況を見ることができていない。それと同じで、一つの集団にあまりにも固執してしまうと、自分で自分の選択肢を狭めることになるのです。

前述の国保先生に、ある女子大生が質問しました。

「例えば、夫のここがイヤ、変えてほしいと思う時はどうするのですか？」

「そうですね。でもその夫を選んだのは自分ですからね」

こういう風に考えられる人はストレスを抱えず、生きていくことができます。

コツはコントロールできるポイントと、できないポイントをしっかり見極めることです。

—集団の居心地に敏感になる

人間関係の苦しい集団に所属してしまったり、いつまでも居続けてしまうと、自分がどんどんすりへっていきませんか？　そこにいかないように、集団の居心地を察知する勘を磨くことも必要です。「ここはやばい」と思ったら、避けたほうがいい。

就活でも、自分にあう企業、あわない企業というのは、その会社にいる人達を見ればなんとなく分かります。いい企業に行きたいという気持ちも重要ですが、その集団が肌にあう、あわないというのは、実際に働く上ではとても大切です。人気企業ランキングや福利厚生の良さに振り回されず、時には勘に従う。その場の居心地の良さ、悪さに敏感になること。

就活生へのアンケートでは、就活前は企業選びの基準に入っていなかったことで、就活後に聞くと上位に入っているポイントがありました。それは「一緒に働く人達がいい感じだった。居心地が良さそうだった」というものです。

それと同じで、ある集団に属することになった時、最初からその集団に対する「肌感覚」をちゃんと感じて、「あわない」「なんだか面倒なことになりそうだ」と思ったら、素直にその感覚に従う。会社内の部署の異動などでは、避けることは難しいかもしれませんが、習い事や子供の保育園、幼稚園など、替えのきく集団に関しては、それである程度リスクヘッジができます。自分の直感に従うのも時には大切です。

ある人が言っていました。

「人生なんて、いつどうなるか分からない。だったら、好きじゃない人と一緒にいて我慢するのなんて、時間がもったいないじゃないですか？」

彼女は自分の勘をすごく信じているし、仕事を一緒にする人も、それで決めているそうです。

でも、そこまで割り切って生きていくのは、特別な人だけじゃない？

そう思いますか？

ちょっとしたコツがあれば、真似ぐらいはできるかもしれない。

私も彼女に出会ってから、すごく影響されるようになりました。

カーストや人からの格付けに振り回されてしまうのは、自分の人生を他人にコントロールされているから。

「選んだのは自分」

この呪文を唱えると、ふとコントロールするのは自分なのだと、気がつくことができるんです。

3—自分を肯定すること

格付けする人、される人の両方に共通すること……それは自己肯定感が低いということじゃないかなと思います。

まず格付けされる側。

カーストにはびこる悪の種の餌食になりやすい人です。ある意味、いい人達の集まり。こうしたコミュニティに悪の種であるボスがやってくると、途端に息苦しいカーストが発生します。

この「いい人」集団。日本女性にはよくいる普通のタイプの人だと思います。

みんなとうまくやっていきたい。

自分で何かを決めない。

波風立てるより我慢する。

一見「いい人」なのですが、実はこうした人の内面に不満が積もり積もって爆発すると結構大変なのです。

今年、あるコミュニケーションの技術の講座を受講しました。そこでとても印象的な出来事がありました。仕事で必要な知識として受講している人も多かったのですが、人間関係やコミュニケーションに悩んでやってくる人も少なくはありませんでした。

印象的だったのは、女性の受講者の中の、特に専業主婦の方の中に「言いたいことがうまく言えない」という悩みを抱える人が多かったこと。なぜなら小さい時から「女は従うもの。夫に従い、兄弟に従い、口答えしてはいけない」と教えられてきたからです。

いったい、いつの時代の話？　女性はいつも言いたいことばかり言ってる

じゃないか⁉

でも、これは現代の話です。それも六十歳以上の人の話ではない。四十代、三十代の人もいます。

そうやって教えられ、ことあるごとに「あなたは何もできない人」と言われて育ってきた。ずっとずっと我慢してきた人が、初めて自分を主張し、感情が爆発するような素晴らしいスピーチをする……その光景は感動的でした。

自己肯定感がある、なしは、その人の人生にすごく影響を与えます。それには、特に母親の影響が強いのです。

大学で一度「自己肯定感が仕事に与える影響」について、講義をしてくれた人がいました。生徒に感想を書いてもらったら、お母さんや友達に「あなたといると楽しい」と言ってもらって育ったという人は自己肯定感が強く、ことあるごとに「あなたはよその子と比較してダメな子」と言われて育った人は自己肯定感が低い。

最近「娘をマウンティングし、支配したがる母」との葛藤をカミングアウトする人がたくさんいます。そうした母親との関係は生涯葛藤を生む。しかしもう一回違う人の子供に生まれ変わることはできません。だから、まず自分で自分を肯定してみてください。人に良く思われなくても、自分のことは自分が一番知っている。

「がんばってきた」「よくやってきた」

ぜひ口に出してみてください。

そして、自分の人生の中で素晴らしかった時のことを、目の前の光景や、物音、香り、明るさ、細部まで思い起こしてみてください。辛くなったらその感覚をとり出して、浸ってみましょう。

身近で自分を肯定してくれる人を大切にしましょう。

自分を肯定し、人も肯定しましょう。

自分がほめてほしかったら、まず人をほめましょう。

そうやっていい循環が生まれたら、もう大丈夫。

日本の主婦の息苦しさは、夫や子供が感謝して、それを言葉に出してくれることで、かなり解消すると思います。

次に、格付けしたがる人。

セレブ妻の取材をした時に感じたのですが、高収入の夫と結婚して、優雅な生活を送っている奥様達の中でも、よりセレブらしく自分を演出し、派手にふるまう人ほど、自信がない人が多かった。

「自分は本当にお金持ちの奥さんらしくふるまっているのだろうか？」と常に不安で、人の目を気にし、マウンティングしようとするのです。

でも本当のお嬢さん、例えば白洲正子さんのような女性ほど、「無頼」です。自分を良く見せる必要もないし、どういう風に振る舞っても恥ずかしくないという自信があるからこそ、その言動は無頼になれるのです。

代々のお金持ちの人は「お金があることが人に知られてもいいことはない」と、逆に質素な格好をして、お金持ちっぽくふるまわない。ある億ションを売り出した時のこと、どう見ても買いそうもない、ジャンパー姿の中年の男性を、若いセールスマンがいい加減に応対していました。そこに上司が飛んできて、その人にペコペコしながら奥に連れて行きました。若いセールスマンがぽかんとしていると、同僚が教えてくれました。

「あの人はああ見えても、うちの億ションをいくつも即金で買ってくれるお得意様なんだ」と。

本当のお金持ちってそういう人が多いんです。いかにもお金持ち然として、ムダなセールストークを聞かされても、得なことは何もないと思っているのでしょう。

でも、不安で自信がないからこそ、過剰に自分を大きく見せたり、幸せマウンティングして、小さな集団の中を支配しようとします。

真面目な人、完璧主義な人ほど、実は人目を気にしています。「人からこう思われたら嫌だ」と体面を気にする人ほど、上下関係や格付けにも敏感です。

日本って、本当に「見た目」社会なんですよね。

ある外国人に言われました。「僕達は神様がいるから、人が見ていなくてもいいことをしないといけない。でも日本人は人が見ていないと平気で悪いことをするよね」

「罪の文化」と「恥の文化」です。

自己肯定感の低いことは、女性の活躍にも影響するそうです。知りあいの女子大生の一人が就職活動について「どうせ自分は女子大だから、大した企業には行けない……」と言うのを聞いてショックを受けました。確かに最近では、人気のある企業は各社「就活格付け」のようなものさしを持っており、大学のレベルによって採用を足切りしているという話が学生の間でも広まっています。そこで、自分はレベルの高くない女子大だから、頑張っても無駄、と考え、最初から自分に自分で限界を作ってしまいます。

自分で自分をカーストに閉じ込めてしまう。それは一見合理的な判断のように思えますが、実は、もったいないことです。

チャレンジしてだめだった時の言い訳を最初からしているのにすぎません。だから、学生時代こそ、就職活動の前に、チャレンジして失敗してみたらどうでしょう？　成功の反対は失敗ではない。チャレンジしないことです。

そうした学生達がチャレンジできないのは、親が、子供に失敗させないように先回りをして守りすぎているから、とも言えます。「転ばぬ先の杖を持たせすぎると重すぎて転ぶ」と、女性教育で有名な品川女子学院の漆校長はいつも言っています。

品女の女の子達は「まず実行ですよね」という生徒に育ちます。

品女では学生のうちの失敗は「財産」であり、プレゼントとして育つのです。失敗と成功を積み重ね、自己肯定感が育っていく。

そんな教育が、活躍する女性を育てるのだと思います。

――自分を嫌いな人とは仕事できない

女性が多い流通関連会社の女性にインタビューした時、こんな経験を語ってもらえました。

「女子校的なコミュニティでは、女性上司のお気に入りの子とそうじゃない子への対応の差が激しい。自分もそれを冷ややかな目で見ていたけれど、それでは仕事がうまく回らないので、仕方なく一生懸命媚びを売ってみました。でもダメでしたね。相手が自分のことを嫌いなので、どうにもならないのですね。そのため、あきらめてその人が上にいる間は、最低限の仕事をし、極力不要なコミュニケーションを控えました。そのうち、自分が異動になってその関係は終わりました」

ある程度関係がうまくいくように頑張ってみて、うまくいかなかったら、あきらめることも大事。自分を嫌っている人とは、がんばっても上手くやれません。

第二章のオフィスカーストに出てきたMさんも「ある部署では、あまりにも理不尽で、部下の精神を追い込むような性格の上司が配属されたために、その部署の若い人がどんどん病んで辞めてしまい、結局、その人が異動するまで、退職が続いた」という話をしていました。そのため、その会社には四十代の社員はたくさんいるけれど、三十代がほとんどいないのだそうです。うつの人を量産してしまうような人はたしかに存在します。運悪くそのような人の下についてしまった場合、自分がうつにされる前に逃げるか、さらに上に相談するか。

自分がどんなに努力しても、人間関係ですから、ダメな時もあります。例えば、その上司の異動を部下はコントロールできません。やってもだめだったら、解決することにこだわらないほうがいい。

「あきらめる力」も、時には必要です。仕事に支障がでないようにかかわりを最低限にして、気にしない。自分が心地良い場所を会社のほかに意識して作る。「あきらめる」「逃げる」も一つの処世術です。

第4章

「女子カースト」のその先に

なぜ女同士はつながれないのか？

この本は本書の編集者の「なぜ女同士は格付けしあうのか？」という疑問からできた本です。

でも書いているうちに、それはずっと私が考えている、なぜ女同士は「つながれないのか？」という問いの裏返しなのだということに気がつきました。

本書を書いているうちに上野千鶴子さんの『女たちのサバイバル作戦』という本が出版されましたが、帯の言葉は「追いつめられても手をとりあえない女たちへ」です。

うーん、やっぱりそうなのか……。

安倍政権が「女性の活躍」を「成長戦略」の一つとして位置づけ、「二〇二〇年までに女性の管理職を三〇％に」と言ったので、今「女性政策」の議論がとても盛んです。同時に少子化ですから、もっと子供を産みやすい、育てやすい世の中に、という議論も盛んです。

私も経済産業省の二つの委員会のメンバーになりました。

女性政策（仕事だけでなく、子育て、少子化、すべて含む）に関して造詣の深い研究者や女性取締役、ジャーナリスト、女性社長など、ずらりと並び、みんな目指しているところは似ていると思うのですが、微妙に意見が一致しない。総論賛成、各論反対というところでしょうか？

例えば、ポジティブアクション。これについても、今日本で活躍する女性達は反対の人もいれば、賛成の人もいる。

ポジティブアクションとは、簡単にいうと、女性の政治家や、企業の管理職、取締役などを増やすために、四割などの数値目標を掲げて、達成できない企業には「罰則」を課すことです。

日本でいくら安倍首相が「三割に」といっても罰則がないので、やりたくないところはやらないのです。

この法律を作って、女性の社会進出が進み、地位も上がったという前例がすでにヨーロッパではたくさんあります。

ノルウェー、フランス、オランダなどが例としてあげられています。私は数が変えるものは大きいと思うので、実行してみればいいのではないかと思うのですが、これまで活躍してきた女性ほど反対なんですね。

「実力でがんばってきた女性に失礼だから」

という理由です。

「私達は、女性だから上に上がったんじゃない。ちゃんと実力で勝ちとったのだ」

そういう人ほど、反対するのです。

まあ、それはその通りなんですけれど、今まで男性は男性というだけで、さんざんゲタを履かせてもらってきたわけですから、ここで女性がゲタを履かせてもらってもいいと思うんですけど……。

何か大胆なアクションが起こらないと、変化は起きないと思います。

これよりももっと女性達の意見の相違が出るのが子育てについてです。

自分の子育て観を否定されると傷つく

それぞれの子育て観の違いこそ、埋められないギャップです。

例えば、子供を預けて働きに出るのは何歳からが望ましいか？

半年、一年、三年？　それとも小学校にあがってから？

安倍総理の提案した「三年育休」は多くの働く母親を敵にまわしました。なぜなら「三」という数字を使ったから。「三歳まで子供はお母さんの手で」という三歳児神話には全く根拠がないことはすでに研究者の手で明らかにされていますが、未だに働く女性達は「三歳児神話」に苦しめられています。だから三という数字に過剰に反応します。花火を上げるなら、せめて二とかにすれば良かったのに……非常に残念な発言としか言いようがありません。

また母乳で育てるのがいい派と母乳じゃなくてもいい派。母乳が出なくて、母乳でわが子を育てられないことに、非常に罪悪感を感じる人もいます。

さらに産み方まで。

病院の分娩台の上ではなく、助産師さんの手で「自然出産」がいいという人。

「無痛分娩？　痛みを味わってこそ母親でしょう？」という意見もあります。子育ては、もう信仰の域になります。

「そもそも、女性が子供をおいて働くなら、覚悟が必要でしょう？」という意見も根強い。

「覚悟なき女性は会社から去れ」……などと言って物議を醸す女性作家。年齢的なものもあるのですが、女性が働く権利を勝ちとってきた世代は、何かを犠牲にしないで働く女性が許せないのです。

同じ女性起業家といっても、女性経営者はまとまれない。旧来の経営者の方と、新しい社会起業や事業型ＮＰＯの人達。両方の話を聞いていると、どちらも「自分の事業の力で社会を変えたい、貢献したい」という思いは同じです。でも資金調達の手段が違ったりします。

要するに、同じ働く女性だから、同じ母親だからといっても、非常に細かいところで、一つにまとまれないのが女性なのです。

しかし、そろそろまとまれないものかと思っています。

例えばファザーリング・ジャパン。子育てを楽しむパパの団体ですが、非常にいい団体だと思っています。創設者の安藤哲也さんが言うように「明るい圧力団体」になっています。

同じように「にっぽん子育て応援団」もいいなあと思います。

同じ目的を勝ちとりたい人がつながることで力を持っています。

やはり社会を動かすには、政策をつくる政治家に訴えるしかない。そして政治家を動かすには、「票」なんですね。

専業主婦優遇の三号年金も、そろそろ廃止に……とずっと言われていますが、あれが廃止にならないのは「政治的判断」だそうです。

三号年金の恩恵にあずかる人は九百八十万人。そして、律儀に投票してくれる熟年以上の世代が多い。

女性が百三万円までしか働けないという壁があるのは、日本の景気や消費にとって、いかがなものかと思うのですが、それを決断できないのは、九百八十万票のせいでしょう。

でも、例えば「平成二十三年の女性の労働力人口は二千六百三十二万人」です。

働く女性の半分がパートです。つまり専業主婦優遇の百三万円の範囲で働いていると仮定しても、まだ千万人以上いる。

千万票のパート以外で働く女性と、またパート以外で働く女性の家族、配偶者も入れたら、どうでしょう？

また将来働くママになりそうな若い世代も入れたら……大学生だって票のうちです。

そして二十代、三十代女性はほとんど政治に興味がないので、決まった支持政党はない。つまり、そこに食い込めば票のとり放題ということです。

何か、女性達が「つながって」、この閉塞状態を変える大きなパワーになる方法はないものなのだろうか？　個々のパワーはすごいのに、本当にもったいない……といつも思っています。

一番簡単なまとまりは「共通の敵をつくる」ということですが、結局男性を共通の敵と認定したパワーは多くの支持を得られませんでした。

このモヤモヤした感じ、何かに似ていると思ったら、野党の方達ですね。野党が自民党に対抗して結束したいという議論をしても、「原発は賛成、反対？」とか「憲法改正は賛成、反対」など、細かいところまでは一致しないので、絶対にうまくいかない。

日本人は「細かいところはちょっと違うけどさあ、大きな目的に向かって大まかなところでまとまっていこうよ」といういい加減な協力の仕方って、なぜできないのだろうか？

しかし、違うことをやっている人達でも、協力しあうことは可能です。

日本を代表するＮＰＯの人達がまとまって、超党派の議員達が応援し、「ＮＰＯ法案」が成立し、日本は今一番ＮＰＯに寄付しやすい国になったことを知っていますか？　ＮＰＯの資金調達がやりやすくなったということです。

私もかかわった人達に話を聞いて感動しました。

そして、女性問題に関しても、同じようにできないものか……と摸索しています。

女性は自分の生き方を否定できない

今働く女性、特にワーキングマザーのインタビューを数多く行っています。また「女子の働き方研究会」や女子大の授業などに、働く女性を呼んで学生に話をしてもらっています。

最近実感するのは、「女は自分の生き方を否定できない」ということです。女性の働き方や子育ての議論って、結局「あなたの生き方は？」に直結するから、小さな相違を認められない。

男性は違います。男性にインタビューすると、すぐに「世間では」とか「社会的には」という話が出てきて、自分のことを語ってくれない。原発にしても「日本の経済構造を考えると……」みたいな議論になる。自分と切り離して考える。

でも女性は「私と私の子供が吸う空気の中に、何か悪いモノが混ざっているのがイヤ」という非常に、身体的、体感的なところからスタートします。つまり原発の是非も、毎日吸う空気、毎日食べるものという身近な、日常的なところなんです。

アラフォーのワーキングマザーに話をしてもらうと、「大変自慢」になってしまうことが多い。周囲の理解がない、時短もない、環境が整っていない大変な時代（といってもたった七年前ぐらいですが）を乗り切ってきた彼女達を私はとても尊敬します。

「子育てと仕事、頑張りすぎて、救急車に乗りました」と語ってくれます。こういう話を聞くと、今の女子大生達は「とても自分はできない」とひいてしまいます。

今の女子大生は優秀な子ほど、「仕事もしたいし、結婚、子育てもしたい」と思っています。でも仕事か子育てかを選べと言われたら「子育て」が譲れないという人も多い。

だからこそ「あまりに残業が多い」「ワークライフバランスが保てない」会

社では働きたくない。または実力をつけてから、転職や起業で自分にあった働き方を見つけたいという志向です。

救急車に乗った話をしてくれた女性は後から「お母さんが救急車に乗ってはいけない」ときっぱり言ってくれました。

彼女は自分を振り返り、自分のやり方を否定する勇気のある女性です。

産んで正社員総合職として働く女性の草分け的な人ほど、

「最近の女子大生って、専業主婦志向だったり、ゆるキャリ志向だそうですよね？　私達がやってきたことって、あまり意味がなかったのかな……」

と悲しそうに言われます。つまり、後輩がその生き方についてきてくれないことが悲しい。自分の生き方が否定されたように思ってしまうんですね。

でも、本当に「その大変な両立」を後進にも経験してほしいと思うのでしょうか？　もし自分の娘だったら、どうでしょうか？

中には「自分が苦労したんだから、娘だって楽をしてはいけない」というお母さんもいます。そういうお母さんが娘に「呪い」をかけます。でもたいていの方は「そうだ。娘の時代には、もっと違う働き方や子育てになっていってほしい」と思ってくれるのです。

私は今、これから社会に出る女子大生を「納税女子」に育てることをミッションとしています。

専業主婦の娘である彼女達に「お母さんの時代とは違う。もう結婚では食べられない」とはっきりと言います。

ところが、専業主婦の同級生に言われました。

「私は娘にはそれは言えないな。だって、自分の生き方を否定することになるから。私はロールモデルにはなれないし」

母親だけがロールモデルではない。でもそっくりな生き方をしないからといって、それはそれで彼女の人生です。今の娘達はとても親思いでお母さんに感謝している。それだけでも素晴らしいことじゃないでしょうか？

まず「自分はよくやってきた」と肯定する。そして、手放す。未来の自分の子供達が結婚したり、子育てする時のことを考える。そこまでいかないと、私達はつながれないのです。

例えば、女子という可能性

「カースト」も「格付け」もイヤな言葉ですが、最近「女子」という言葉を通じて、奇妙な一体感があることに希望を感じます。

「女子力」「女子会」「四十代女子」「オトナ女子」「オタク女子」「カメラ女子」など、現代の日本では、女性は年齢にかかわらず女子と称する傾向があります。四十代女子程度で驚いてはいけません。高齢女性向けの女性誌にも「七十代女子会」という言葉が見出しに躍ったとか。

日本の女性はいつから大人になることを辞めたのでしょうか？　いつまでも「女子」として、「アイドルのおっかけ」をしたり、「マンガ」や「宝塚」に耽溺したり、「趣味」を楽しみ、娘と同じ店で洋服を買う。アンチエイジングにも熱心。美魔女ブームも四十代女性の飽くことなき美への探究心から来たものです。

理由は明白です。日本では成熟した女性になっても、ちっとも楽しいことがないからです。日本で価値を認められるのは女性の若さであり、成熟ではありません。

女子は自由でパワフルです。

対して、「女性」はどうか。日本では女性には苦しさや不自由さがつきまといます。「年齢」によって結婚や出産などのライフコースが決められ、妻や嫁や母という役割にふさわしい振る舞いや服装が求められる。我慢してまで女性としての義務を果たすことをやめた女性達が女子達です。

女子力は毎年「身につけたい」力としてアンケートの上位になります。不況の中でも「女子力」消費は強く、「女子会」ブームで居酒屋を占拠し、飲食業界をけん引した事実もあります。

三年ほど前、女子力の次のワードを見つけようと大手広告代理店と頭をしぼりました。しかし、女子という言葉が強すぎて次が見つからなかった。その時に思ったのです。

「日本女性はもう女子のまま、パワーを持てばいいのだ」と。

女子力とは「対男性を魅了する力」という意味はとっくに超えています。女性が自らを高めパワーを持つための力です。

「今年は女子力ほしーい」と言う女性達はとっくに、男性と同じように仕事をし、責任を負っている。ほうっておくと「仕事によって限りなく男性化」していく自分に、装着するパワーアイテム、それが女子力なのです。

女子つながり……というつながりも、あるのではないでしょうか？　まず楽しいこと、テンションがあがることでつながる。

女子という言葉に、女性達がつながることができる、可能性を感じています。

鍵は多様性と未来思考

二十代の会社員向けにも「仕事、結婚、出産、女性のためのライフプランニング講座」（いつも大学生に向けてやっているものの社会人版です）を開きました。多くの女性は独身。でも残業もある営業職のため、出産したら働けないのでは……とモチベーションが下がっていたそうです。

私の講座の前に、三十七年後はこうなる……という女性コンサルタントによる研修がありました。日本の人口、国際的地位、ＧＤＰなどなど。

二〇五〇年の未来予測

日本：人口九千五百万人／六十五歳以上が全体の四割。労働力人口も大幅減少。

【労働力】日本の労働力人口が約四千四百万人に減少する（約三割減）。

【ＧＤＰ】二〇一〇年に世界三位だった日本は八位へ。ブラジル、ナイジェリア、インドネシアよりも下に。

【経済】中国、米国、インドの三ケ国が経済規模で他をひき離し、四位以降のブラジル、日本、ロシア、メキシコ、インドネシアをリードする。

そんな未来の話を聞いた女性達にこう質問しました。

「専業主婦とかやっている場合じゃないと思う人、いますか？」

全員が手をあげました。

なぜなら三十七年後とは、まだ独身の彼女達も、子供を持ったらちょうど社会に出る時期。

「未来の自分の子供のために、働く姿を見せなければ……」

と自分のためでなく、自分の子供（まだいませんが……）のためなら、女性は変われる。

今は「いずれ養ってくれる男性と結婚して、仕事を辞めるかもしれない」と思いながら働いている女性も、三十七年後の「養ってくれる男性」の存在はまったく信じていませんでした。

遠い未来を見ると、女性は考えが変わる。

そのヒントを得て、（株）スリール、NPO法人ハナラボと一緒に二〇一三年夏、女子大生向けサマーインターンプロジェクト、「未来インターン」を開催しました。

二ケ月かけて、女子大生達に三十七年後の未来を予測してもらい、自分のなりたい姿を考え、宣言してもらう。そして未来への提言も行う。

その発表会で自分の考えを発表する彼女達の堂々とした姿には本当に感動しました。

そして「お母さんが専業主婦だったから、自分も」と思っていた専業主婦志向の子が、「子供と一緒に働ける未来」を予測したり、また「バリキャリ志望」で子供のことを考えていなかった子が「新しい家族の在り方」を摸索したり……とにかく「お母さんと同じ未来」を漠然と考えていた子達が、変化したんです。

未来志向になれば、女性達もいろいろな「違い」を乗り越えていけるのではないか？ そんな可能性を思いました。

もう一つのキーワードは多様性です。

女性経営者や女性関連の研究者、作家など、いろいろな人と話していると「ああ、この人はここに怒りがあるんだ」と思うことが少なくありません。

女性はみんな、何かに怒っている。

活動や発言の裏には「こんなひどい目にあった。こんなひどいことを言われた。でも頑張ってきた私の生き方をみんなに認めさせたい。いつか見返してやる」というルサンチマンが原動力になっている人も少なくありません。

負けず嫌いの人は、それが大きな原動力になり活躍します。林真理子さんの『野心のすすめ』（講談社現代新書）などがそうですね。

でも、個人的なルサンチマンだけでは、多様性が生まれません。認めさせたいのは自分の生き方で、多様な生き方ではないからです。

多様性の技術、言いかえれば「いろいろな人が傷つけあわず生きていく」ことがとても必要になります。「こうあるべき」という頑なな気持ちは多様性の邪魔になります。

「女同士が格付けしあう」のは「否定されたくない」という守りの気持ちから。

そして女同士がつながれないのは、「自分の生き方こそ正しいと認めてほしい」という、多様性のなさから。

ある女性識者の会で、一人が何気なく「半年はお母さんの手で」と言ったところ、別の経営者女性がさらりと「私は四ケ月から預けてましたけどね」と割って入りました。ここに線が引かれるわけです。

その線を自ら乗り越え、手を伸ばさないと女性達はつながれない。「人は人、自分は自分、協力できるところで協力していこうね」というぐらい、ちょっと緩く、ひょっとしたらある意味「いい加減」ぐらいの人のほうがうまくつながれるのかもしれません。

女性が、男性が、子供が、誰もが生きやすい社会になるために、女性達はルサンチマンを忘れ、未来を見てつながることが必要です。

生きやすい社会とは何か？

それでは、女性が生きやすい社会とは何か？

私はシングルマザーが生きやすい社会が、すべての人が生きやすい社会だと思っています。今、シングルマザーは子供を抱え、就職したくても難しく、八割のシングルマザーがパートを掛け持ちしたりして、精いっぱい働いているのに、半分以上が貧困です。先進国としては異常な数字です。弱いところにいる人が生きやすい社会は、すべての人が生きやすい社会です。

自分が生きるだけでも精いっぱいなのに、社会のことなんか、考えていられないわよ……。

そう思う方も多いでしょう。特に独身で子供を持つ予定のない女性からはそう言われます。

自分と自分の家族だけでいっぱいいっぱいですという人も。

私だって子供がおらず、将来はどうなるのかなとは思います。

今ボランティアなどするよりも、貯金に励み、少しでもたくさんお金になる仕事をするほうが賢い選択かもしれません。

でも結局のところ、将来日本で暮らすつもりなら、今のうちから、生きやすい社会をつくっておくと、その人にも得なのです。

発達障害や不登校の子供のための教育支援をしているNPO法人トイボックス代表の白井智子さんに会った時、彼女がフィンランドに視察に行く話をしてくれました。

フィンランドは国際的な学習到達度調査であるＰＩＳＡで二〇〇四年にトップとなり、そのほかの年でもトップクラスを維持する教育大国。

なぜ教育大国になったかといえば、「できない子」や「問題のある子」を徹底的に丁寧に教育したからだそうです。トップクラスの子に力を注いだわけではないそうです。

「落ちこぼれる子がいなくなると、トップクラスの子達も落ち着いて勉強に専念できる。その結果、全体のレベルが上がるんです」と白井さんは教えてくれました。

社会の在り方も同じかなと思います。

貧困や人の苦しみを放置しておくと、結局のところ、自分のところに戻ってくる。

今の日本はとても安全な社会ですが、社会が荒れ果ててしまうと安全に暮らすことにとてもコストがかかります。

例えば、発展途上国で日本人が老後を暮らすことを考えてください。

生活コストは安いと言われますが、結局セキュリティの完備した外国人用マンションに住んだり、電気を流した有刺鉄線で囲まれた家に住むなど、安全を確保するコストがかかるのです。

つながりあい、人の問題を解決することにお互いに助力する。産みやすい、子育てしやすい社会をつくるためにつながっていくことは、結局将来自分が住みやすい社会をつくることになるのです。

弱者に厳しい社会では、誰もがくる老後をのりきれません。老後も強者でいたいと思ったら、気が遠くなるほど蓄財しないといけないでしょう。

少々の違いなんて、気にしている場合じゃない。

そんな社会がやってくるのです。

格付けしあうことをやめ、つながること……それが未来へのサバイバル術なのだと思います。

おわりに

「なぜ女同士は格付けしあうのか？」このテーマを編集者の木村やえさんにもらったとき、「困ったな」と正直思いました。私は「女同士」がいがみあう構図をあえて避け、女同士が共感力をもって協調していくポジティブな面を意識的に描いてきたからです。女同士がいがみ合う構図は、実はおもしろいし、書きがいがあるし、受ける。わかってはいるのですが、それを書くのは自分でなくてもいいのではと思っていました。

そういったテーマなら、他の方のほうがよほど面白く、すごみのあるものを書けるに違いない。だいたい最近は働く女性、特にワーキングマザーの話ばかりを聞いていて、専業主婦の人達にはご無沙汰なのです。

しかし取材を進めていくうちにママカーストに苦しむママが「『ハピネス』を読んで、うらやましいと思うような人達も、その人達なりにいろいろあるんだなーと慰められました」という話をしてくれました。

そうか、みんな隣の芝生は青いと思っている。でも隣の芝生は芝生なりに、メンテナンスが大変だったり、根っこは腐っていたりと、いろいろあるのです。そのことを分かってもらうだけでも、書く意味はあるのだなと気がつかせてもらいました。

そのいい例が専業主婦論です。私は専業主婦の味方でも敵でもなく、単にもう専業主婦は「なるのは非常に難しい稀少な存在。リスクも高い」と言っているのです。しかし「専業主婦志望の女子」に対して、働く女性たちは相変わらず「楽をしようとしている」と厳しい。

今は逆に専業主婦になり、それを維持していくことこそ、大変な努力、能力、才能がいることです。さらにリスクを背負う覚悟がいる。『半沢直樹』の中で、妻「花」が「銀行員の妻なめんなよ」という名台詞を言いましたが、「夫が倒れれば一蓮托生。リスク上等。専業主婦なめんなよ」というところでしょう。

女性が仕事をして自分で生計を立てていくほうが、専業主婦であり続けることよりも今はずっと楽かもしれません。女子力高く、離婚しても、恋人と別れても次々と養ってくれる男性を見つける、美貌の女性を知っています。しかし彼女の「乗り換え力」を見ていて、友人の独身女性は「私にはあの真似はできない。すごい才能。普通に仕事しているほうがよっぽど楽」と言っています。

そんな風に隣の芝生は青いけれど、結構隣は隣で大変なのです。それを分かってもらって、その上で「じゃあ、ちょっと隣とも仲良くしてみるか」と思ってもらえればいいな。そんなことを思って書きました。

たくさんのインタビューに協力してくれた女子のみなさま、そしてぎりぎりまで本当に大変な思いをさせてしまった木村さん、新書編集長の千美朝さん、千さんとの縁を結んでくれた浅野聡子さん、皆さんに感謝の言葉を送り、この本を締めくくりたいと思います。

参考文献

・『ハピネス』桐野夏生／光文社
・『嫌われ女子50』犬山紙子／KKベストセラーズ
・『恋愛カースト』犬山紙子・峰なゆか／宝島SUGOI文庫
・『女子会2・0』「ジレンマ＋」編集部／NHK出版
・『女たちのサバイバル作戦』上野千鶴子／文春新書
・『夫婦格差社会』橘木俊詔・迫田さやか／中公新書
・『教室内《スクール》カースト』鈴木翔・解説 本田由紀／光文社新書
・『女子校力』杉浦由美子／PHP新書
・『ママの世界はいつも戦争』杉浦由美子／ベスト新書

本当は怖い小学一年生

汐見稔幸

なんのために勉強するのかわからない。そもそも授業がつまらない。親の過剰な期待に振り回されている。――「小1プロブレム」と呼ばれ、小学校低学年の教室で起こるさまざまな問題は、じつは「学びの面白さを感じられない」子どもたちからの違和感や抵抗のあらわれだ。子どもの可能性を引き出すために、今必要なものは何か。教育、子育てへの提言。